Chef Ricardo Muñoz Zurita

Salsas mexicanas

LAROUSSE

DIRECCIÓN EDITORIAL
Tomás García Cerezo

EDITORA RESPONSABLE
Verónica Rico Mar

ASISTENTE EDITORIAL
Gustavo Romero Ramírez

FOTOGRAFÍA
Alejandro Vera

ESTILISMO DE ALIMENTOS
Chef Leticia Alexander

FOTOGRAFÍA COMPLEMENTARIA
© 2007 JUPITERIMAGES, y sus cedentes de licencias. Todos los derechos reservados.
Federico Gil

DISEÑO
Mariano Lara, Ricardo Viesca

FORMACIÓN
Rossana Treviño

PORTADA
Ediciones Larousse, S. A. de C.V.,
con la colaboración de Pacto Publicidad, S.A. de C.V.

© 2008 Ediciones Larousse, S.A. de C.V.
Londres 247, Colonia Juárez, Delegación Cuauhtémoc, C.P. 06600, México, D.F.
ISBN 978-970-22-2212-5
Primera edición — 2ª reimpresión

Todas las recetas rinden para 6 porciones aproximadamente,
y su tiempo de preparación en ningún caso rebasa los 20 minutos.

Esta obra se terminó de imprimir y encuadernar
en el mes de Noviembre de 2009, en los talleres de
Representación de Impresores Nacionales, S.A. de C.V.
Parque Industrial Puebla 2000, Puebla, Pue.

Sumario

Presentación

Para entender la cocina mexicana, necesariamente tenemos que empezar por comprender las salsas picantes o las salsas de mesa, que son las que le ponen sabor a todo tipo de caldos, antojitos, arroces y, por supuesto, a los tacos.

De hecho, muchos platillos no tienen personalidad sin sus salsas correspondientes y en algunos casos son inseparables, como los tacos al pastor con salsa de chile de árbol, los sopes con salsa verde, la barbacoa con salsa borracha, los mixiotes de Tlaxcala con salsa verde, los huevos rancheros con salsa ranchera, entre otros; estos platillos, sin salsa, simplemente no serían lo mismo.

Pero. . . ¿qué es una salsa picante o de mesa?

Es un alimento preparado generalmente con chile de muchos tipos, tomate verde o jitomate, que generalmente contiene ajo y cebolla, todos martajados o molidos. Aparece siempre en una pequeña salsera, cajete, platito o molcajetito en el centro de la mesa, no importa si es un restaurante o casa. La comida puede comenzar untando la salsa del día en un tortilla caliente, en totopos o sobre un pedazo de bolillo, mientras se espera la comida, su utilización continúa saborizando otros alimentos ya mencionados.

Existen algunas exigencias mexicanas para las salsas de mesa: se procura que sean frescas y del mismo día. No es nada raro que existan dos tipos de salsas, una verde y una roja, en estos casos, con todo propósito una siempre es más picante que la otra ya que hay quienes consumen solamente la menos picante, otros la más picante y hay quienes las combinan, al grado que su consumo se vuelve algo muy particular, pues sólo el comensal decide la cantidad y el picor de la misma.

Para facilitar el uso de las recetas se tomó el criterio de dividir las salsas por el tipo de chile, esto es, las hechas con chiles verdes o frescos y las elaboradas con chiles secos, así como una sección diferente con frutas y a base de aguacate, más conocidas como "guacamoles" y los "picos de gallo", que son salsas en la que los ingredientes están picados o cortados en cubitos.

Como conclusión queda el hecho de que una misma salsa, por tan sólo cambiar el estado de cocción de los chiles, de los tomates o de los jitomates, su resultado puede ser totalmente diferente. Tal vez el mejor ejemplo sea la salsa verde, en el que todos los ingredientes pueden quedar totalmente crudos, todos cocidos o asados y, en algunos casos, quedar unos crudos y otros cocidos o asados. Por ello, a las salsas verdes se les dedicaron varias recetas debido a que éstas son las salsas que reinan en el centro del país.

Este mismo fenómeno sucede con las salsas rojas elaboradas con chiles frescos o secos. Un dato sorprendente es que los chiles secos combinan extraordinariamente bien con los jitomates o los tomates verdes, sin importar si están crudos, asados o cocidos.

Este recetario es la entrega de un enorme recuento de distintas salsas que he recolectado a lo largo de varios años por diferentes regiones de México, en el que se incluyen las más comunes pero, al mismo tiempo, las más raras o poco conocidas, fuera de la región donde se elaboran como las salsas hechas a base de xoconoxtle.

Chef Ricardo Muñoz Zurita

Picos de gallo

Los picos de gallo pueden ser salsas, ensaladas o platos de verduras o de frutas. A la jícama se le da la importancia que se merece, pues en los picos de gallo este ingrediente rivaliza en popularidad con el xoconostle, el pepino o la naranja. La jícama, por ser un ingrediente de sabor neutro, combina perfectamente con cualquiera de las recetas aquí ofrecidas.

También se encuentran picos de gallo en los que predominan las frutas, que bien pueden ser un antojo o golosina, una botana mientras se bebe tequila o cerveza, o una entrada o ensalada al principio de la comida.

Para algunos vegetarianos o amantes de las frutas y las verduras incluso podrían ser hasta un postre. Aunque algunas preparaciones son saladas y picantes, no considere una locura espolvorear al último momento un poco de azúcar en algunas recetas.

Los picos de gallo que se consideran ensalada tienen la característica de mezclar muchas frutas, como naranja, toronja, lima, y otros productos como jícama o pepino. Además de servir como botana, pueden hacer la función de un buen tentempié.

Se citan los picos de gallo que tienden a ser salsas y que pueden utilizarse para comerse en tacos o para acompañar alguna carne o similar, pero esto no significa que sea el único uso que puedan tener.

Para ejemplificar la practicidad de los picos de gallo, puede mencionarse el pico de gallo de mango, que igual se presenta como una botana, una pequeña ensalada al inicio de la comida o una magnífica salsa que cubra un filete de pescado asado o frito.

Pico de gallo de xoconostle y guajes

Ingredientes

4 xoconostles grandes pelados, sin semillas y picados en cubos chicos

1 ½ tazas de tomate verde sin cáscara picado en cubos chicos

1 cucharada de chile serrano fresco picado finamente

¼ de taza de cilantro fresco picado

¼ de taza de cebollas cambray picadas

1 ½ cucharadas de semillas de guajes

¾ de cucharadita de sal aproximadamente

125 g de chicharrón delgado o "de papel"

Durante muchos años me había preguntado en qué se ocupaban los xoconostles y los guajes, siempre los veía en los mercados populares y desconocía cuánta utilidad tienen. En el caso de los guajes, la gente casi siempre me decía que se comían solos, en guaxmole o en salsas, pero nada más; en cambio, acerca de los xoconostles la respuesta común era "para el mole de olla". Pero poco a poco fui descubriendo que existen recetas caseras que la gente del centro del país tiene de estos alimentos, de ahí su abundancia en los mercados.

Particularmente con los guajes me era difícil entender que la gente sólo los desvainaba y los comía, pero en esta receta son una parte esencial que le da un toque exquisito al preparado. De los xoconostles he descubierto que hay muchísimas más recetas que la del mole de olla, en este libro he seleccionado varias.

Este pico de gallo me lo proporcionó Cándido Martínez Gómez; según él, su papá fue quien hizo la receta con todos los productos naturales que se pueden conseguir en el área de Xochimilco, en la Ciudad de México, donde ellos viven. Específicamente lo sirven sobre pedazos de chicharrón como botana. Es una de esas preparaciones que se hacen al momento, cuando llega un amigo o invitado a tomar la copa o en los días de fútbol en que muchos señores se citan para verlo por televisión. En las papelerías venden unas navajas que los estudiantes de arquitectura utilizan mucho, a las cuales llaman exacto o cúter. Estas navajas son ideales para cortar el chicharrón, pues prácticamente se puede lograr cualquier forma; como son muy filosas, el chicharrón no se quiebra ni se despedaza. Si quiere hacer cuadros bonitos tendrá que usar el exacto, pues el cuchillo o las manos no lo logran.

Procedimiento

• En un tazón grande mezcle todos los ingredientes, excepto el chicharrón. Pruebe de sal y ajuste si es necesario.

• Por separado, con un cúter (o exacto) corte cuadros de chicharrón de unos 5 centímetros por lado.

• Al momento de servir, ponga una cucharada de la mezcla del pico de gallo sobre cada cuadro de chicharrón y sirva en un platón grande.

• Coma inmediatamente para evitar que el chicharrón se ablande.

Pico de gallo de xoconostle a la mexicana

Ingredientes

½ taza de xoconostles asados, pelados, sin semillas y picados en cubos chicos

1 taza de jitomate maduro picado en cubos chicos

¼ de taza de cebolla picada finamente

2 cucharadas de chile serrano fresco sin semillas ni venas, picado finamente

¼ de taza de cilantro fresco picado (opcional)

1 ½ cucharaditas de sal aproximadamente

Ésta es una deliciosa forma de comer la salsa mexicana también llamada pico de gallo, a la que se le adicionan xoconostles; éstos aportan cierta acidez al preparado, por lo que ya no es necesario añadir jugo de limón.

Procedimiento

• En un recipiente mezcle todos los ingredientes. Pruebe y ajuste de sal.

• Sirva frío o a temperatura ambiente.

Pico de gallo de xoconostle y jícama

Ingredientes

3 xoconostles grandes pelados, sin semillas y cortados en cubos chicos

½ kg de jícama pelada y cortada en cubos de 1 cm por lado aproximadamente

¼ de taza de cebolla picada finamente

3 chiles serranos frescos picados finamente

1 cucharadita de orégano seco

2 cucharadas de jugo de limón

sal al gusto

La jícama juega un papel muy importante en los picos de gallo de diferentes regiones del país. En esta receta está presente con el xoconostle, la influencia del estado de Guanajuato.

Procedimiento

• En un tazón mezcle todos los ingredientes hasta que queden bien incorporados. Pruebe y ajuste de sal.

• Sirva frío o a temperatura ambiente.

Salsa mexicana o pico de gallo clásico

Ingredientes

½ kg de jitomate maduro, picado
en cubos con semillas y piel

½ taza de cebolla picada finamente

⅓ de taza de cilantro picado finamente

1 ½ cucharadas de chile serrano verde,
picado finamente

1 ½ cucharaditas de sal aproximadamente

1 cucharada de jugo de limón (opcional)

Ésta es tal vez la reina de todas las salsas de mesa, por su nombre, por sus colores, por sus ingredientes, por ser la más popular y por sus usos. También es conocida como la salsa mexicana.

Es llamada mexicana porque los ingredientes que participan en ella tienen los colores emblemáticos de la bandera mexicana: chile, cebolla y jitomate, que son el verde, blanco y rojo, respectivamente. Además, es una salsa verdaderamente nacional, pues se encuentra en prácticamente todas las regiones de México. A veces es también llamada salsa pico de gallo, *debido a que todos los ingredientes se pican. Es una salsa que se puede utilizar en casi todo tipo de tacos, antojitos, caldos, arroces, etcétera.*

Aunque algunos cocineros le añaden jugo de limón para aumentar la acidez del jitomate, esto parece ser una tendencia nueva; los tradicionalistas aseveran que no es necesario. Yo la prefiero sin jugo de limón, pero ciertamente me he llegado a topar con jitomates cultivados tan dulces que es necesario añadirlo para darle cierta acidez al preparado.

Lo ideal es servirla recién hecha a temperatura ambiente; sin embargo, logra sobrevivir hasta 3 días guardada en el refrigerador, especialmente si se reserva el cilantro para añadirlo justo antes de servirla.

Procedimiento

• Mezcle todos los ingredientes en un tazón. Pruebe y ajuste de sal.

• Sirva a temperatura ambiente en una salsera.

Pico de gallo de xoconostle cocido

Ingredientes

2 cucharadas de aceite vegetal

6 xoconostles grandes pelados, sin semillas y cortados en cubos chicos

1 taza de jitomate maduro picado

¼ de taza de cebolla picada finamente

1 cucharadita de ajo picado finamente

1 cucharada de chile serrano fresco picado finamente

¼ de taza de cilantro fresco picado

2 cucharaditas de sal aproximadamente

En el estado de Guanajuato es sobresaliente la utilización del xoconostle en diversos guisos; en varios recetarios caseros y en la comida popular existen también diferentes tipos de picos de gallo con xoconostle, la gran mayoría son preparaciones crudas, pero también existen algunos como éste. Una de las grandes razones de cocer el xoconostle es que pierda algo de su acidez natural.

Procedimiento

- Caliente el aceite en una olla pequeña. Añada todos los ingredientes, excepto el cilantro, tape y fría por 15 minutos moviendo de vez en cuando o hasta que todo esté bien cocido. Retire del fuego y vacíe en un tazón. Añada el cilantro, mezcle y ajuste de sal.

- Sirva en una salsera, caliente o a temperatura ambiente.

Pico de gallo de xoconostle con chicharrón

Ingredientes

5 xoconostles grandes asados, pelados sin semillas y picados

½ taza de cebolla en rebanadas

¼ de taza de cilantro fresco picado

1 chile serrano picado finamente

2 chiles guajillo grandes cortados en tiras delgadas

1 taza de agua

1 cucharada de azúcar

1 cucharadita de sal aproximadamente

40 g de chicharrón delgado o "de papel"

Este pico de gallo tiene un sabor declaradamente ácido pero es muy sabroso. Procure usar xoconostles muy maduros color rosa. El chile guajillo puede ser fácil de cortar con una tijera de cocina. El chicharrón debe ser delgado y no contener grasa ni trozos de carne; utilice el llamado "de papel".

Para la gente de las comunidades rurales de Guanajuato este platillo en grandes cantidades puede ser un plato fuerte.

Procedimiento

- Coloque todos los ingredientes, excepto el chicharrón, en una olla a fuego alto. Cueza por 15 minutos moviendo de vez en cuando. Retire del fuego y añada el chicharrón en trozos pequeños, mezcle, pruebe y ajuste de sal.

- Sirva caliente y acompañe con frijoles de la olla y tortillas de maíz.

Pico de gallo de jícama

Por muy sencilla que sea esta receta, no se puede dejar afuera, porque tal vez es una de las grandes recetas madres de los picos de gallo a base de jícama; el más común de todos está hecho de tiras gruesas de jícama, rociadas con jugo de limón, espolvoreadas con chile piquín molido y sal. En esta receta presento una versión ligeramente diferente hecha con chile jalapeño.

Ingredientes

1 chile jalapeño verde fresco,
    sin semillas ni venas

½ kg de jícama pelada y cortada en tiras
    largas de 1 cm de grueso
    aproximadamente

2 cucharadas de jugo de limón

½ cucharadita de sal aproximadamente

Procedimiento

• Rebane el chile jalapeño a lo largo, tratando de obtener tiras pequeñas y lo más delgadas posible.

• Mezcle con los demás ingredientes y ajuste de sal.

• Sirva frío o a temperatura ambiente.

Ensalada de pico de gallo

Existen varias ensaladas de pico de gallo; tal vez se aplica el nombre de ensalada cuando en la receta hay varios ingredientes que hacen pensar a los comensales que se trata de una ensalada de frutas. En este mismo libro encontrará varios picos de gallo que pueden considerarse también ensaladas.

Aunque las limas no se encuentran todo el año y tampoco se consiguen en todas las regiones del país, vale la pena utilizarlas cuando se tengan a la mano.

Ingredientes

2 tazas de jícama pelada y picada en cubos
    de 1 cm aproximadamente

2 tazas de pepino pelado, sin semillas
    y picado

1 naranja grande pelada y cortada
    en cubos de 3 cm aproximadamente

2 limas grandes peladas y cortadas
    en cubos

1 xoconostle pelado, sin semillas
    y cortado en cubos chicos

¼ de taza de jugo de limón

1 cucharadita de chile piquín molido

1 cucharadita de sal aproximadamente

Procedimiento

• Coloque todos los ingredientes en un tazón y mezcle hasta incorporar bien. Pruebe y ajuste de sal.

• Sirva frío o a temperatura ambiente como entrada, botana, ensalada o guarnición.

Pico de gallo de jícama y naranja

Ingredientes

½ kg de jícama pelada, cortada en tiras
  de 5 × 1 cm aproximadamente

4 naranjas peladas y partidas en 8 trozos
  cada una

1 chile jalapeño sin semillas ni venas,
  cortado en tiras pequeñas lo más
  delgadas posible

1 cucharadita de chile piquín molido

¼ de taza de cilantro fresco picado
  (opcional)

1 cucharadita de sal aproximadamente

Según mis hipótesis, ésta es una receta base o una de las primeras recetas de picos de gallo que se hicieron antes de que ésta se convirtiera en una preparación compleja y sofisticada, como algunas recetas de las que se presentan en este libro.

El hecho de que esta receta sea básica no significa que no sea muy sabrosa y refrescante.

Procedimiento

• Combine todos los ingredientes en un tazón. Mezcle y ajuste de sal.

• Sirva frío o a temperatura ambiente.

Pico de gallo de Jalisco

Ingredientes

½ kg de jícama pelada, cortada en tiras
  de 1 × 5 cm aproximadamente

2 pepinos pelados, sin semillas, cortados en
  tiras de 1 × 5 cm aproximadamente

1 melón chino chico cortado en tiras
  de 1 × 5 cm aproximadamente

¼ de taza de jugo de limón

2 chiles serranos o jalapeños sin semillas
  ni venas, cortados en tiras lo más
  pequeñas y delgadas posible

½ cucharadita de sal aproximadamente

1 cucharadita de chile piquín molido
  (opcional)

A veces la relación que hay entre la gastronomía, la música y el folclor es intrínseca. Los mexicanos asumimos que Jalisco es la tierra del mariachi, la feria, los charros, y también lo relacionamos con las peleas de gallos; de alguna manera queda implícito que deben existir varios picos de gallo, lo que casualmente coincide con el resultado de esta investigación por todo el país.

Procedimiento

• Coloque todos los ingredientes, excepto el chile piquín, en un tazón. Mezcle, pruebe y ajuste de sal.

• Para servir, ponga el pico de gallo en un platón y adorne con el chile piquín espolvoreado.

• Sirva frío o a temperatura ambiente.

Pico de gallo de naranja

A veces mi madre nos preparaba esta receta para refrescarnos o darnos un tentempié cuando regresábamos de la escuela y esperábamos que llegara mi padre para sentarnos a comer. También era un preparado muy frecuente como golosina, o bien, un enorme platón de estas naranjas con chile calmaba la sed y el calor mientras mis hermanos y yo salíamos por las tardes a la terraza a ver el mar.

Ingredientes

6 naranjas grandes, peladas, cortadas en 8 o 12 pedazos cada una

1 chile jalapeño sin semillas ni venas, picado finamente o 2 cucharaditas de chile piquín molido

½ cucharadita de sal aproximadamente

palillos de madera

Procedimiento

• Combine todos los ingredientes en un tazón. Pruebe, ajuste de sal y refrigere hasta el momento de servir.

Pico de gallo de naranja con aguacate

Este pico de gallo es muy refrescante, ideal para los días de calor, para comer como antojo o cuando se bebe cerveza o tequila. Es una fantástica botana que deja complacido a todo el mundo.

Esta receta me la proporcionó Cándido Martínez Gómez, que vive en Xochimilco en la Ciudad de México, quien me cuenta que recetas como ésta, con más o menos ingredientes, abundan en su familia y que la comen como si fuera golosina.

Ingredientes

1 aguacate hass de 250 g aproximadamente, pelado, sin semilla y hecho puré

1 cucharadita de sal aproximadamente

½ cucharadita de jugo de limón

½ taza de pepino pelado, sin semillas y rebanado en medias lunas

1 cucharadita de chile serrano verde picado finamente

1 kg de naranjas peladas, sin semillas y cortadas en cubos de 1 cm aproximadamente

½ taza de jícama cortada en cubos de 1 cm aproximadamente

1 aguacate hass de 250 g aproximadamente, pelado, sin semilla y en rebanadas

Procedimiento

• Mezcle el puré de aguacate con la sal y el jugo de limón.

• Coloque el resto de los ingredientes en un tazón, excepto las rebanadas de aguacate.

• Vierta el puré de aguacate sobre la mezcla de frutas y revuelva suavemente para que todos los ingredientes se incorporen; pruebe y ajuste de sal.

• Sirva en un tazón adornado con las rebanadas de aguacate.

Pico de gallo de toronja

Ingredientes

1 chile jalapeño sin semillas ni venas

4 toronjas peladas

1 cucharada de jugo de limón

250 g de jícama en tiras largas (opcional)

½ cucharadita de sal aproximadamente

He estado en regiones de México como Tabasco y Chiapas donde existen huertos familiares con árboles de toronja, pomela o pomelo, que a veces producen tanto fruto que las ramas se desgajan; con las toronjas se hacen aguas frescas, ensaladas y por supuesto picos de gallo, donde sustituyen a la naranja o se mezclan con ella. La variedad de toronja más común es la llamada "blanca". También existe una toronja cuya pulpa es rosa, pero en los meses de julio a septiembre, a los mercados populares de la Ciudad de México llega una variedad de toronja muy roja, llamada "doble roja" o "sangría", que cautiva la vista al pasar; con ella se hace un pico de gallo muy lucidor.

Procedimiento

- Rebane el chile jalapeño a lo largo para obtener tiras pequeñas lo más delgadas posible, casi como láminas translúcidas. Corte la toronja en trozos de 4 centímetros por lado aproximadamente y retire las semillas.
- Mezcle todos los ingredientes, pruebe y ajuste de sal.
- Sirva frío o a temperatura ambiente.

Pico de gallo de melón

Ingredientes

1 melón chino chico maduro, pelado y sin semillas

2 cucharadas de jugo de limón

1 ½ cucharaditas de chile piquín molido

¼ de cucharadita de sal aproximadamente

En la comida de todos los días, en los hogares mexicanos en ocasiones encuentro combinaciones tan sencillas que me parecen fascinantes y me hacen pensar que un fruto como el melón, que salió del Oriente hace muchos siglos, hoy ya lo hemos mexicanizado tanto que lo comemos muy a nuestro estilo, con chile y limón.

Procedimiento

- Corte el melón en tiras de 1 × 10 centímetros aproximadamente. Mezcle con los demás ingredientes.
- Sirva frío, fresco o a temperatura ambiente.

Ensalada de pico de gallo

Ingredientes

½ kg de jícama pelada y cortada en tiras
de 1 × 5 cm aproximadamente

3 cucharadas de jugo de limón

½ cucharadita de sal aproximadamente

4 naranjas peladas y cortadas en 8 o 12
trozos cada una

3 jitomates bola cortados en gajos

½ kg de pulpa de melón chino, pelado, sin
semillas, cortado en cubos de 3 cm

¼ de taza de cebolla morada rebanada

1 chile jalapeño sin semillas ni venas,
cortado en tiras delgadas

2 cucharadas de cilantro fresco picado

Hay un dicho muy mexicano que reza: "Ésta es la excepción que rompe la regla".

Es muy difícil definir si este pico de gallo es más una ensalada de frutas o el tradicional que muchos mexicanos llevamos en mente.

Tal vez mis colegas preferirían utilizar las "supremas" de naranja, que son los gajos de naranja pelados individualmente, lo cual resulta una buena idea, pero finalmente los picos de gallo son preparaciones sencillas, rústicas y caseras para comer en el momento.

Procedimiento

• Coloque todos los ingredientes en un tazón y mezcle para que queden incorporados. Pruebe, ajuste de sal y refrigere hasta el momento de servir.

• Sirva frío, fresco o a temperatura ambiente.

Pico de gallo de pepino

Ingredientes

2 pepinos grandes

1 cucharadita de sal aproximadamente

1 chile serrano verde, rebanado en rodajas
muy delgadas

2 cucharadas de jugo de limón

Ésta es una de las tantas formas en las que se come el pepino en México. En esta versión presentamos el pico de gallo con chile verde, en lugar de chile piquín con que comúnmente se hace. Al igual que los otros picos de gallo, éste se come como golosina o botana mientras se bebe cerveza o tequila.

Procedimiento

• Pele y corte los pepinos en cuatro partes a lo largo. Corte cada tira en diagonal para obtener unas figuras romboidales de unos 4 o 5 centímetros de largo. Mézclelos con el chile, el jugo de limón y la sal; deje reposar por unos minutos en el refrigerador. Sirva frío o a temperatura ambiente.

Pico de gallo San Luis Potosí

Ingredientes

250 g de tomate verde-amarillo, es decir, bien maduro, sin cáscara, picado en cubos de 1 cm aproximadamente

1 chile de árbol seco picado finamente

1 taza de cebolla picada

1 cucharadita de sal aproximadamente

100 g de carnitas de cerdo (maciza), desmenuzada o picada

1 cucharadita de orégano

Esta receta que proviene de Río Verde, San Luis Potosí, es un buen ejemplo de que los picos de gallo no sólo pueden ser botana o entrada, según el ingrediente, se pueden transformar en plato fuerte, como en este caso, en el que se come en tacos.

De acuerdo con el informante de esta receta, los tomates verdes deben estar muy amarillos, es decir, bien maduros, porque verdaderamente cambia el sabor; el pico de gallo deja de ser acidito y se convierte en ligeramente dulzón.

Procedimiento

• En un tazón amplio mezcle todos los ingredientes hasta que se incorporen. Pruebe y ajuste de sal.

• Sirva en una ensaladera.

• Coma este pico de gallo a temperatura ambiente en tacos de tortilla de maíz.

Ensalada de pico de gallo de piña y jícama

Ingredientes

1 piña chica madura, pelada

250 g de jícama pelada, cortada en tiras de 1 × 5 cm aproximadamente

2 pepinos pelados y sin semillas, cortados en tiras de 1 × 5 cm aproximadamente

¼ de taza de jugo de limón

1 ½ cucharaditas de sal aproximadamente

1 cucharadita de chile piquín molido

En los mercados populares muchos marchantes de frutas venden las piñas ya peladas e incluso en rebanadas; esto es ideal, porque así se puede saber con exactitud si la piña está bien amarilla, madura y dulce. En algunos casos hay "prueba", y ni hablar de lo laborioso que resulta para muchos pelar la piña.

Procedimiento

• Corte la piña a lo largo y retire el centro de ambas mitades, es decir, el corazón.

• Corte la pulpa en tiras de aproximadamente 7 × 1 ½ centímetros. Reserve.

• Combine en un tazón todos los ingredientes, pruebe y ajuste de sal.

• Sirva frío, fresco o a temperatura ambiente.

Pico de gallo con chile habanero

Ingredientes

1 taza de rábanos en cubos de ½ cm

2 chiles habaneros, asados, sin semillas ni venas y picados finamente

¼ de taza de cebollina picada

¼ de taza de jugo de naranja agria

¼ de cucharadita de orégano seco (yucateco de preferencia)

2 cucharadas de cilantro fresco picado

1 ½ cucharaditas de sal aproximadamente

A este pico de gallo lo pudimos haber bautizado como "pico de gallo yucateco". En realidad el nombre de esta receta es arbitrario porque la gente en Yucatán no la conoce como tal; pero preparados parecidos a éste aparecen en las cantinas, puestos de antojitos o en las fiestas donde hay comida yucateca. La cebollina es un producto distintivo de la región yucateca. Se puede sustituir con cebolla cambray.

Procedimiento

- Mezcle todos los ingredientes hasta que queden perfectamente incorporados. Pruebe y ajuste de sal.

- Sirva frío o a temperatura ambiente.

Pico de gallo de Guanajuato

Ingredientes

2 chiles guajillo grandes sin rabos, semillas ni venas

1 taza de agua hirviendo

400 g de tomates verdes sin cáscaras, cortados en cuatro partes

1 cucharadita de ajo pelado y picado finamente

1 cucharadita de sal aproximadamente

1 cucharada de aceite vegetal

½ taza de cebolla picada finamente

4 xoconostles grandes asados, pelados, sin semillas y cortados en cubos chicos

1 cucharada de cilantro fresco picado

Esta receta no es la única que proviene de dicho estado; yo solamente he respetado el nombre original que me fue dado. Como todos los picos de gallo, se puede comer solo o con tortillas de maíz, pero éste es un buen acompañante de frijoles, trozos de chicharrón, chorizo o huevos revueltos.

Procedimiento

- Rompa los chiles con las manos y remójelos en el agua hirviendo por 25 minutos. Licue los chiles con el agua de remojo, los tomates, el ajo y un poco de sal hasta obtener una salsa que no sea necesario colar.

- En un sartén caliente el aceite, fría la cebolla hasta que esté ligeramente dorada. Vierta la salsa de chile y deje que hierva. Incorpore los xoconostles, baje el fuego y cueza por 20 minutos.

- Retire del fuego, incorpore el cilantro, mezcle, pruebe y ajuste de sal.

- Sirva caliente o a temperatura ambiente.

Pico de gallo capón

Ingredientes

3 chiles guajillo sin rabos, semillas ni venas

3 tazas de agua

5 xoconostles grandes asados, pelados sin semillas y picados en cubos chicos

½ cebolla picada finamente

1 diente de ajo pelado y picado finamente

¼ de taza de cilantro fresco picado

2 cucharaditas de sal aproximadamente

100 g de chicharrón en trozos pequeños

Su atractivo nombre corresponde a un pico de gallo de xoconostle con chicharrón; la receta proviene del estado de Guanajuato. En otras regiones del país, capón se refiere a un chile al que se le han retirado venas y semillas. Se recomienda añadir el chicharrón al último minuto, justo antes de servir, para que esté crocante.

Procedimiento

• Cueza los chiles en el agua por 5 minutos y déjelos reposar por 20 minutos para que estén totalmente suaves. Lícuelos con ½ taza del agua de cocción hasta que obtenga una salsa tersa. En un tazón vierta el molido y añada los demás ingredientes excepto el chicharrón. Mezcle, pruebe y ajuste de sal.

• Para servir, ponga el pico de gallo en una salsera y añada el chicharrón.

Pico de gallo caliente

Ingredientes

3 jitomates guaje maduros, troceados

1 cucharadita de ajo picado

3 chiles de árbol frescos o secos, asados, sin rabos

½ taza de cebolla picada finamente

5 xoconostles asados, pelados, sin semillas y cortados en cubos 2 cm

250 g de tomate verde sin cáscara, cortado en cubos de 2 cm

1 papa mediana pelada, cocida y cortada en cubos de 2 cm aproximadamente

3 cucharaditas de sal aproximadamente

½ col blanca picada

Generalmente los picos de gallo son preparaciones frescas y crudas, pero en Guanajuato existen tantos picos de gallo con xoconostle que no debe extrañar que también se acostumbre alguna receta como ésta, en que los ingredientes estén cocidos y que todo se sirva caliente.

Procedimiento

• Licue los jitomates, el ajo y 1 de los chiles hasta obtener una salsa muy tersa que no sea necesario colar.

• Cueza la salsa; cuando hierva, añada los otros 2 chiles, la cebolla, los xoconostles, los tomates, la papa y la sal. Baje el fuego y deje cocer por 20 minutos moviendo de vez en cuando.

• Añada la col, mezcle bien y continúe la cocción por 3 minutos más. Pruebe, ajuste de sal y retire del fuego. Sirva caliente sobre tostadas de maíz.

Pico de gallo de mango a la mexicana

Ingredientes

- 1 jitomate bola maduro, picado con semillas y piel
- 2 cucharadas de cebolla picada finamente
- ¼ de taza de cilantro picado finamente
- 1 cucharada de chile serrano verde picado finamente
- 2 mangos Manila de 250 g cada uno aproximadamente, pelados, sin semillas y cortados en cubos de 2 cm
- 2 cucharadas de salsa de pescado

Leonora Joy Adapón, originaria de Filipinas, estudió en la Universidad de Londres, Inglaterra, y vino a México por el año de 1995 a hacer un estudio sobre los chiles mexicanos; estaba tan fascinada con la variedad de chiles y mangos que fue ella quien me enseñó a hacer este pico de gallo de mango. El gran secreto de este preparado consiste en la utilización de la llamada "salsa de pescado", que es una salsa muy salada, con un fuerte sabor a pescado, la cual debe utilizarse con recato. Varios países orientales la producen, como Filipinas y Tailandia.

Es francamente espectacular para comer en tostadas sencillas y, sobre todo, para aderezar un filete de pescado asado o algún corte suave de cerdo.

Nótese que no se pide sal en la receta, ya que la salsa de pescado es salada.

Procedimiento

- En un tazón coloque todos los ingredientes y combine hasta que queden incorporados.
- Pruebe y ajuste con más salsa de pescado o sal si es necesario. El sabor final debe ser una mezcla de dulce y salado.
- Sirva frío, fresco o a temperatura ambiente.

Pico de gallo yucateco de repollo

Ingredientes

3 cucharadas de jugo de naranja agria o jugo de limón

1 chile habanero sin semillas ni venas, picado finamente

½ taza de cebolla morada picada finamente

2 tazas de col blanca picada

1 taza de rábanos en cubos de ½ cm aproximadamente

½ cucharadita de orégano (yucateco de preferencia)

2 cucharaditas de sal aproximadamente

En los estados del sureste el repollo es la misma hortaliza que en el centro del país se conoce como col.

Existen tantas variedades de este estilo de pico de gallo yucateco que los chiles habaneros pueden estar crudos o asados. Algunas personas prefieren utilizar el chile totalmente verde, y otras, muy maduro cuando está bien amarillo o naranja.

Esta salsa se conserva por 2 o 3 días en refrigeración; sólo notará que conforme pasa el tiempo los ingredientes soltarán su jugo, mismos que hay que mezclar para mejorar su sabor en el momento de servir.

Procedimiento

- En un tazón mezcle todos los ingredientes hasta que estén bien incorporados. Pruebe y ajuste de sal.
- Sirva frío o a temperatura ambiente.

Pico de gallo verde

Ingredientes

2 tazas de tomate verde, sin cáscara, picado

1 cucharada de chile serrano verde fresco, picado finamente

¼ de taza de cebolla picada finamente

½ taza de cilantro fresco picado

1 cucharada de jugo de limón

1 cucharadita de sal aproximadamente

La idea original de esta receta proviene del estado de Tamaulipas. Todo parece indicar que es un preparado bastante antiguo que utilizan los oriundos de ese lugar. Lo he llamado "verde" debido a que la gran mayoría de sus ingredientes son de este color.

Utilice tomate verde, no se trata del jitomate inmaduro.

Procedimiento

- Mezcle todos los ingredientes hasta que queden perfectamente incorporados. Pruebe y ajuste de sal.
- Sirva frío o a temperatura ambiente.

Sarampico de mango verde

Ingredientes

2 mangos Manila o petacones, verdes
    o comenzando a madurar, de 300 g
    cada uno aproximadamente

1 cucharadita de jugo de limón

½ cucharadita de sal aproximadamente

¼ de cucharadita de chile piquín molido

En todos los estados del sur de México hay una fascinación por consumir los mangos cuando están verdes o inmaduros, y suelen ser consumidos como sarampicos o picos de gallo. En Tabasco, en el área de Emiliano Zapata, a los picos de gallo les dan el atractivo nombre de "sarampico", los cuales hacen de todo tipo, con una o varias frutas. En este caso la receta es con mango, pero se pueden añadir trozos de jícama, naranja y pepino. Es un antojito para comer a mediodía o en las tardes calurosas para aguantar el hambre o, como dijeran los tabasqueños, a manera de tentempié. Creo que no es necesario aclarar que puede ser una botana para cuando se bebe cerveza, tequila o mezcal.

Originalmente este sarampico se hace con mango criollo, un manguito que se considera corriente y por esto se prefiere comer verde. Cuando madura es muy sabroso, pero su pulpa es muy hebruda, por eso se le clasifica como tal; en cuanto al sabor, no tiene nada que envidiarle a un Manila o a un petacón. Este mango se encuentra fácilmente en el sur de Veracruz, Tabasco, Oaxaca y partes de Chiapas. Si no puede conseguirlo, sustitúyalo por cualquier mango.

Cabe aclarar que dependiendo del mango, puede utilizarse totalmente verde o sazón, es decir, verde empezando a madurar.

Procedimiento

• Pele los mangos y córtelos a lo largo, alrededor de la semilla, para obtener dos trozos grandes; deseche la semilla.

• Corte las rebanadas de mango a lo largo en tiras de 1 o 2 centímetros o en cubos grandes de 3 centímetros aproximadamente. Rocíe con jugo de limón, sal y mezcle.

• Para servir, coloque el sarampico en un platón y espolvoree con el chile piquín.

Guacamoles

Éste es el resultado de más de 20 años de viajes de investigación por México, donde he recolectado todas estas recetas de guacamoles. Es indispensable escribir un libro como éste para reafirmar la gran variedad que existe en el país sobre una sola especialidad; también reconfirmar por qué México está considerado como uno de los países con más diversidad gastronómica del mundo.

En este libro descubrirá todas las formas posibles de preparar guacamole al estilo de la cocina mexicana, que es la que da origen a este preparado. Debo advertir que no omití ninguna receta clásica, común o diferente. Entre todos estos tipos de guacamoles, seguramente encontrará alguno muy parecido a los que usted acostumbra o conoce, en los que sólo cambia algún ingrediente o cantidad.

Preparar guacamoles es verdaderamente fácil y divertido. El guacamole puede ser botana, entremés, complemento de una ensalada, guarnición de platos fuertes, antojo entre comidas y, en algunos casos, hasta sustituir un postre.

La palabra "guacamole" proviene del náhuatl ahuácatl, "testículo" y mulli, "mole, salsa o molido"; siempre refiriéndose a salsa de chile.

El guacamole es muy importante dentro de la cocina mexicana, ya que los mexicanos tenemos una fascinación por el aguacate, y prácticamente por todos los preparados que incluyan este fruto. Ponemos aguacate o guacamole en casi todo, sólo tenemos que pensar en las tortas, tacos, sopas, carne asada, arroz, todo tipo de caldos, carnitas y barbacoa, que sin aguacate la comida se siente incompleta. Además de ser una botana clásica, no debemos olvidar que un simple taco de guacamole puede ser un gran bocado.

Guacamole clásico

Ingredientes

2 aguacates hass maduros de 250 g cada uno aproximadamente

¼ de taza de jitomate maduro picado

½ cucharada de chile serrano verde fresco picado

¼ de taza de cebolla picada

2 cucharadas de cilantro fresco picado

½ cucharadita de sal aproximadamente

Éste es el guacamole que todo el mundo conoce dentro y fuera de México, del que existen variantes como el guacamole a la mexicana; el tipo de aguacate puede cambiar según la región.

Procedimiento

- Parta los aguacates por mitad y retire las semillas. Con una cuchara extraiga toda la pulpa y macháquela con un poco de sal.
- Agregue el jitomate, el chile, la cebolla y el cilantro. Mezcle, pruebe y ajuste de sal.
- Sirva a temperatura ambiente o ligeramente frío, acompañado de totopitos de tortillas de maíz.

Guacamole sencillo

Éste es tal vez el origen de todos los guacamoles.

- El procedimiento es seguir la receta de guacamole clásico omitiendo el jitomate.

Guacamole a la mexicana

Existen muchas variantes bajo el término "a la mexicana".

- El procedimiento es seguir la receta de guacamole clásico, agregando ½ cucharadita de ajo picado finamente y 1 cucharadita de jugo de limón.

Guacamole tradicional

Ingredientes

¼ de taza de cebolla picada
½ cucharadita de sal aproximadamente
1 cucharadita de chile serrano verde fresco picado
½ taza de tomate verde sin cáscara, picado
½ cucharadita de ajo picado finamente
½ cucharadita de jugo de limón
2 cucharadas de aceite de oliva
2 cucharadas de cilantro fresco picado
2 aguacates hass maduros de 250 g cada uno

Hay tantas variedades de guacamoles diferentes que fue difícil escoger sólo uno.

Esta versión es interesante porque se hace con tomate verde. Procure hacerlo en un molcajete, es delicioso.

Procedimiento

- Machaque ligeramente la cebolla con la sal. Agregue el chile, los tomates, el ajo, el jugo de limón, el aceite de oliva y macháquelos para obtener una especie de salsa molida.

- Parta los aguacates por mitad, retire las semillas y con una cuchara extraiga toda la pulpa. Machaque ligeramente la pulpa sobre la salsa hasta que quede martajada y mezcle muy bien. Incorpore el cilantro, pruebe y ajuste de sal.

Guacamole con chiles frescos

Ingredientes

¼ de taza de pimiento morrón rojo picado
¼ de taza de pimiento morrón verde picado
½ cucharadita de chile serrano verde picado
¼ de taza de cebolla picada
1 cucharadita de jugo de limón
2 cucharadas de aceite de oliva virgen
1 cucharadita de ajo picado finamente
1 cucharada de perejil fresco picado finamente
½ taza de jitomate maduro picado
1 cucharadita de sal aproximadamente
2 aguacates hass maduros de 250 g cada uno

Aunque en casi todas las recetas sugiero el chile serrano verde fresco, la verdad es que los chiles pueden variar; un buen sustituto es el chile jalapeño o el chile de árbol fresco. Y en otros casos pueden contener otros chiles que no sean tan picantes como los pimientos morrones. Esta receta es verdaderamente diferente.

Procedimiento

- Mezcle todos los ingredientes, excepto el aguacate. Reserve.

- Parta los aguacates por mitad, retire las semillas y con una cuchara extraiga toda la pulpa. Machaque ligeramente la pulpa sobre la salsa procurando que quede martajada y bien mezclada. Pruebe y ajuste de sal.

- Sirva acompañado de totopos de tortillas de maíz.

Guacamole con tomate verde crudo

Ingredientes

2 aguacates hass de 250 g cada uno
   aproximadamente

1 taza de tomates verdes sin cáscara
   y picados en cubos chicos

1 cucharada de chile serrano verde fresco
   picado

½ cucharadita de ajo picado

¼ de taza de cilantro fresco picado

¼ de taza de cebolla picada

1 cucharadita de sal aproximadamente

Este guacamole es característico del centro del país y aunque no es tan común como el clásico, es igualmente típico. De él se pueden encontrar muchas versiones, su consistencia es densa como cualquier guacamole y otras veces le añaden tanta salsa verde que acaba siendo salsa; de hecho, muchas veces le llaman "salsa de guacamole" o "guacamole en salsa".

Procedimiento

• Parta los aguacates por mitad, retire las semillas, extraiga la pulpa, córtela en cuadros y macháquela con la sal sin llegar a hacer un puré (debe quedar martajada). Añada los tomates, el chile, el ajo, el cilantro y la cebolla. Mezcle, pruebe y ajuste de sal. Sirva en una salsera.

Guacamole con tomate verde cocido

Ingredientes

1 chile serrano verde fresco

6 tomates verdes sin cáscara

¼ de taza de cebolla picada

¾ de cucharadita de sal aproximadamente

2 aguacates hass maduros, de 250 g cada
   uno aproximadamente, en pulpa
   y machacados

2 cucharadas de cilantro fresco picado

Es muy interesante observar que con el simple hecho de cocer el tomate verde el sabor del guacamole cambia y es realmente delicioso.

Procedimiento

• Cueza el chile y los tomates en agua. Cuele y deje enfriar. Machaque la cebolla con la sal, el chile y los tomates hasta obtener una pasta. Agregue los aguacates, integre, añada el cilantro, mezcle, pruebe y ajuste de sal.

Guacamole con tomate verde asado

• Ase el chile y los tomates. Pele el chile y macháquelo con 1 diente de ajo, la cebolla y un poco de sal hasta obtener una pasta. Agregue los tomates y continúe machacando. Incorpore la pulpa de los aguacates y martaje.

Guacamole en salsa verde cruda

Ingredientes

½ kg de tomate verde sin cáscara, troceado
    (12 tomates aproximadamente)

1 chile serrano verde fresco, troceado

¼ de taza de cebolla, picada

½ cucharadita de ajo picado finamente

¼ de taza de cilantro fresco picado
    en grueso

sal al gusto, como 2 cucharaditas

2 aguacates hass maduros de unos 250 g
    cada uno

Hasta ahora hemos visto guacamoles muy consistentes, pero esta receta y la siguiente son guacamoles más aguados; no hay que olvidar que la palabra "guacamole" quiere decir "salsa de aguacate" y no debe de extrañar que este guacamole parezca más una salsa por su consistencia y textura.

Procedimiento

• Licue los tomates con los chiles sin agua como 15 segundos, hasta obtener una salsa con textura o martajada. Pare la licuadora y añada, la cebolla, el ajo, el cilantro y la sal, y vuelva a licuar unos 10 segundos más.

• Parta los aguacates por mitad, retire las semillas, con una cuchara extraiga toda la pulpa, deseche las semillas y cáscaras. Corte la pulpa en cubos chicos, añadala a la salsa y vuelva a licuar por 5 segundos. Detenga la licuadora y con ayuda de una cuchara mueva desde el fondo para que lo espeso salga un poco a la superficie y poder licuar con mayor facilidad. Repita este paso dos o tres veces más hasta que no queden trozos de aguacate. Pruebe y ajuste de sal.

• Sirva en una salsera o molcajete a temperatura ambiente.

Guacamole en salsa verde cocida

• Mismos ingredientes y cantidades. Hierva el chile en 1 litro de agua por 5 minutos; en esa misma agua agregue los tomates verdes y hierva hasta que estén cocidos; cuele y deje enfriar. Posteriormente, licue el chile, los tomates, la cebolla, el ajo, el cilantro y la sal por 15 segundos hasta obtener una salsa con textura. Incorpore la pulpa de los aguacates y vuelva a licuar hasta que no queden trozos de aguacate (apague, remueva el molido y encienda la licuadora en dos o tres ocasiones). Pruebe y ajuste de sal.

Guacamole picado

Ingredientes

¼ de taza de cebolla picada finamente

½ taza de jitomate maduro cortado en cubos de ½ cm aproximadamente

½ cucharada de chile jalapeño verde picado finamente

2 cucharadas de cilantro fresco picado finamente

¾ de cucharadita de sal aproximadamente

2 aguacates hass, maduros y firmes, de 250 g cada uno aproximadamente

Aunque todos sabemos que el guacamole debe ser machacado, no se puede negar que actualmente mucha gente prefiere el aguacate en trozos pequeños, de modo que los ingredientes se mezclen suavemente para que no quede batido el preparado; se recomienda utilizar aguacates maduros, pero muy firmes.

Procedimiento

• Mezcle la cebolla, el jitomate, el chile, el cilantro y la sal. Reserve.

• Parta los aguacates por mitad, retire las semillas y con una cuchara extraiga toda la pulpa. Corte la pulpa en cubos de 1 centímetro por lado, mezcle suavemente con los demás ingredientes, pruebe y ajuste de sal.

• Sirva acompañado de tostadas o tortillas de maíz calientes.

Guacamole rojo

Ingredientes

3 tazas de jitomate maduro, cortado en cubos de ½ cm aproximadamente

¼ de taza de cebolla picada finamente

½ cucharadita de ajo picado finamente

¼ de taza de cilantro fresco picado

1 cucharada de chile serrano rojo o verde fresco, picado finamente

2 cucharaditas de sal aproximadamente

2 cucharadas de aceite de oliva virgen

2 aguacates hass maduros de 250 g cada uno

Por increíble que parezca, existen más recetas tradicionales de guacamoles color verde hechas con tomate verde que con jitomate.

El sorpresivo nombre de este guacamole se debe a que se utiliza jitomate en abundancia, lo que de alguna manera enrojece al preparado.

Procedimiento

• Mezcle el jitomate, la cebolla, el ajo, el cilantro, el chile y la sal; reserve.

• Parta los aguacates por mitad, retire las semillas y con una cuchara extraiga toda la pulpa. Con un tenedor machaque ligeramente la pulpa hasta que quede martajada. Mezcle con los demás ingredientes. Pruebe y ajuste de sal.

• Sirva acompañado de totopos de tortillas de maíz. Puede servirlo adornado con chile piquín molido.

Guacamole tabasqueño

Ingredientes

2 aguacates hass maduros de 250 g
cada uno

1 cucharada de cebolla picada finamente

½ cucharadita de sal aproximadamente

Recuerdo que este guacamole se hacía en casa para acompañar cualquier comida; en muchos estados del sureste también se acostumbra.

Por muy sencillo que parezca, es muy sabroso y permite disfrutar en plenitud el sabor del aguacate, especialmente cuando se sirve con platillos no muy condimentados; es ideal para hacer tacos. No, éste no contiene chile ni jitomate.

Procedimiento

- Extraiga la pulpa de los aguacates con una cuchara y mézclela con la sal sin llegar a un puré.
- Agregue la cebolla y mezcle bien. Pruebe y ajuste de sal.
- Sirva inmediatamente.

Guacamole oaxaqueño

Ingredientes

2 aguacates hass maduros de 250 g cada
uno aproximadamente

1 chile jalapeño verde picado finamente,
sin semillas ni venas

1 cucharada de cebolla picada finamente

2 cucharadas de cilantro fresco picado
finamente

1 cucharadita de ajo pelado y picado
finamente

¼ de taza de agua fría

¾ de cucharadita de sal aproximadamente

En la ciudad de Oaxaca y en los valles centrales se sirve como botana para comerlo con tlayudas o totopos del Istmo de Tehuantepec.

Los aguacates se machacan hasta que quedan hechos puré; de hecho, lo muelen en la licuadora y le agregan un poco de agua para que quede cremoso.

Procedimiento

- Con una cuchara extraiga toda la pulpa de los aguacates.
- Licue todos los ingredientes hasta obtener un puré cremoso. Es necesario detener la licuadora y mover con una cuchara desde el fondo para mezclar todo. Vuelva a licuar dos o tres veces hasta que no queden trozos de aguacate. Pruebe y ajuste de sal.

Guacamole guanajuatense

Ingredientes

2 aguacates hass maduros de 250 g cada
    uno
1 cucharadita de sal aproximadamente
1 cucharadita de ajo picado finamente
½ taza de guayabas picadas, sin semillas
¼ de durazno amarillo pelado, sin semilla y
    cortado en cubos chicos
1 taza de pepino pelado, sin semillas,
    cortado en cubos de 1 cm por lado
¼ de taza de cebolla picada finamente
¼ de taza de cilantro fresco picado
½ taza de granos de granada roja

Este guacamole es una botana, pero puede utilizarse como relleno de chiles poblanos o servirse con tortillas de maíz o trozos de chicharrón de cerdo. En los estados de Guanajuato, Aguascalientes, Colima y parte de Jalisco se comparten recetas similares; curiosamente, en todos estos guacamoles con fruta se utiliza granada roja para adornar. Son recetas muy antiguas, así lo prueban viejos recetarios de dichos estados.

Procedimiento

- Retire la pulpa de los aguacates con ayuda de una cuchara. Macháquela junto con la sal y el ajo para que queden martajados. Añada la guayaba, el durazno, el pepino, la cebolla y el cilantro. Mezcle, pruebe y ajuste de sal.
- Sirva el guacamole adornado con los granos de granada.

Guacamole poblano

Ingredientes

2 aguacates hass maduros de 250 g cada
    uno en pulpa
¼ de taza de cebolla picada
1 chile serrano grande picado
1 cucharadita de sal aproximadamente
2 cucharadas de hojas de pipicha fresca
    picada
2 cucharadas de semillas frescas de guaje
    crudo
½ taza de jitomate maduro, picado
    en cubos chicos

Muchas familias de Puebla y Tlaxcala acostumbran hacer este guacamole, con dos ingredientes especiales: pipichas y guajes. Se usa igual que el guacamole clásico, para los tacos de carnitas o barbacoa, así como para cualquier otro alimento.

La pipicha puede sustituirse por papaloquelite, ya que son de sabores análogos.
Los guajes dan un sabor muy especial a este preparado; éstos no tienen un sustituto que se les parezca, pero yo los reemplazo por pepitas de calabaza peladas y tostadas.

Procedimiento

- Mezcle la pulpa en un tazón con la sal sin hacer un puré. Procure que quede martajada. Agregue la cebolla y el chile; mezcle, pruebe de sal y ajuste en caso de ser necesario. Al final añada la pipicha, los guajes y el jitomate; mezcle por última vez y sirva inmediatamente.

Guacamole veracruzano

Ingredientes

½ taza de cebolla picada finamente

1 cucharada de chile jalapeño verde picado finamente

2 tazas de rábanos en cubos de ½ cm por lado aproximadamente

¼ de taza de cilantro picado

1 cucharadita de jugo de limón

¼ de cucharadita de sal aproximadamente

2 aguacates hass maduros de 250 g cada uno aproximadamente

Decidí llamar a este preparado "veracruzano" porque la idea de esta combinación salió del libro El sabor de las plantas de Veracruz, *el número 50 de la colección "Cocina indígena y popular" editada por CONACULTA. Sólo fue la idea, porque tuve que rehacer toda la receta.*

Procedimiento

• Mezcle todos los ingredientes, excepto los aguacates, y reserve.

• Parta los aguacates por mitad, retire las semillas y con una cuchara extraiga la pulpa. Macháquela sobre los otros ingredientes, mezcle y ajuste de sal.

• Sirva con tortillas de maíz.

Guacamole con chicharrón

Ingredientes

2 aguacates hass maduros de 250 g cada uno

½ cucharadita de sal aproximadamente

1 cucharadita de chile serrano verde fresco picado

1 taza de jitomate maduro picado

¼ de taza de cebolla picada

2 cucharadas de cilantro fresco picado

50 g de chicharrón de cerdo "de papel" en trozos

Existen varias recetas de guacamoles en las que se sugiere mezclar el aguacate o guacamole con chicharrón. Esta receta no podía faltar. La combinación aguacate-chicharrón en tortilla de maíz, nos vuelve locos a los mexicanos. Pida un chicharrón muy delgado que no contenga capas de grasa, el llamado "de papel", ya que es muy delgado y ligero.

Procedimiento

• Machaque ligeramente la pulpa de los aguacates con la sal hasta que quede martajada. Agregue el chile, el jitomate, la cebolla y el cilantro. Mezcle, pruebe y ajuste de sal. Con las manos rompa el chicharrón procurando que queden trozos de entre 3 y 5 centímetros y agréguelo justo antes de servir.

• Sirva a temperatura ambiente o casi frío, con tortillas de maíz o harina.

Chiles de México

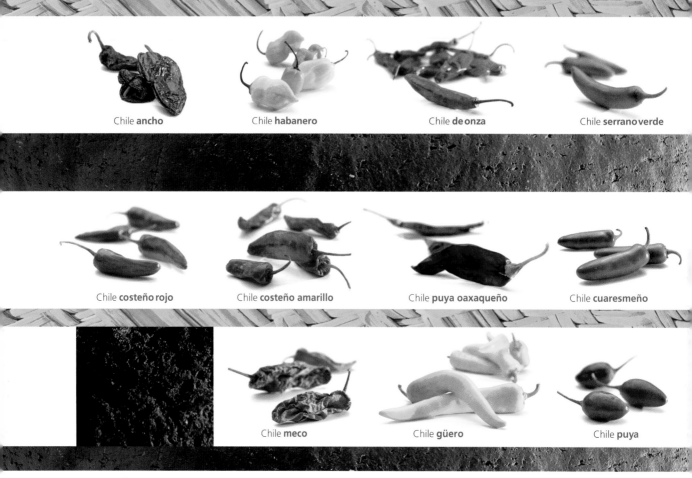

Chile **ancho**

Chile **habanero**

Chile **de onza**

Chile **serrano verde**

Chile **costeño rojo**

Chile **costeño amarillo**

Chile **puya oaxaqueño**

Chile **cuaresmeño**

Chile **meco**

Chile **güero**

Chile **puya**

Chile **guajillo**

Chile **manzano**

Chilaca

Chile **chilcostle rojo**

Chile **mirasol**

Chile **piquín silvestre**

Chile **pasado**

Chile **comapeño**

Chile **morita oaxaqueño**

Chile **tuxta**

Chile **de agua**

Chile **cascabel**

Chile **chiltepe**

Chile **negro de tierra**

e **chilhuacle negro**

Chile **chilhuacle amarillo**

Chiles **serranos rojo y verde**

Chile **pasilla**

Guacamole con hojas de aguacate

Las hojas de aguacate asadas se emplean en muchos preparados en la cocina mexicana, como en la barbacoa, los frijoles refritos y algunos moles oaxaqueños. Éstas aportan un sabor más anisado a la receta. A partir de este preparado se puede hacer un sinnúmero de guacamoles diferentes.

Ingredientes

15 hojas de aguacate frescas o secas

2 aguacates hass maduros de 250 g cada uno

½ cucharada de chile serrano verde fresco, picado finamente

¼ de taza de cebolla picada

2 cucharadas de cilantro fresco picado

¾ de cucharadita de sal aproximadamente

Procedimiento

• En un sartén a fuego bajo ase las hojas de aguacate por ambos lados hasta que queden tostadas. Retire las nervaduras grandes de las hojas y muela los pedazos en un molino eléctrico o en un molcajete hasta hacerlo polvo. Mida una cucharada de polvo y guarde el resto para otros usos.

• Extraiga la pulpa de los aguacates y macháquela con la sal hasta que quede martajada. Agregue el chile, la cebolla, el cilantro y el polvo de hoja de aguacate. Mezcle, pruebe y ajuste de sal.

• Sirva acompañado de totopos de tortillas de maíz.

Guacamole anisado

Algunos aguacates tienen un sabor declaradamente anisado, especialmente los criollos; aumentarle semillas de anís molidas a los guacamoles fortifica el sabor antiguo de los aguacates nativos de México.

Ingredientes

2 aguacates hass maduros de 250 g cada uno

¾ de cucharadita de sal aproximadamente

½ cucharada de chile serrano verde fresco, picado

¼ de taza de cebolla picada

½ taza de jitomate maduro picado

2 cucharadas de anís recién molido

Procedimiento

• Extraiga la pulpa de los aguacates y macháquela con la sal hasta que quede martajada. Agregue el chile, la cebolla, el jitomate y el anís; mezcle, pruebe y ajuste de sal.

• Sirva acompañado de totopos de tortillas de maíz.

Guacamole con aceite de oliva

Ingredientes

2 aguacates hass maduros de 250 g cada
   uno

1 cucharadita de sal aproximadamente

½ taza de jitomate maduro picado

¼ de taza de cebolla picada

1 cucharada de chile serrano verde fresco,
   picado

2 cucharadas de cilantro fresco picado

1 cucharadita de ajo picado finamente

2 cucharaditas de jugo de limón

⅓ de taza de aceite de oliva virgen

½ cucharadita de pimienta molida

*En algunas regiones de México la pulpa de los aguacates no es tan cremosa
o mantequillosa, por esto se le añade aceite de oliva, para hacer el preparado
más untuoso; ciertamente, el resultado final es muy interesante.*

Procedimiento

- Parta los aguacates por mitad, retire las semillas y con una cuchara extraiga
   toda la pulpa. Macháquela junto con la sal hasta que quede martajada.

- Añada el jitomate, la cebolla, el chile, el cilantro, el ajo, el limón, el aceite
   de oliva y la pimienta; mezcle hasta que todos los ingredientes queden
   incorporados. Pruebe y ajuste de sal.

- Sirva acompañado de totopos de tortillas de maíz.

Guacamole cremoso

Ingredientes

2 aguacates hass maduros de 250 g cada
   uno, en pulpa

1 cucharadita de sal aproximadamente

½ taza de jitomate maduro picado

½ cucharada de chile serrano verde picado
   finamente

¼ de taza de cebolla picada

¼ de taza de cilantro fresco picado

1 taza de crema fresca espesa o de rancho

*Hace muchos años aprendí a hacer este guacamole en el restaurante "La Herradura" de
la colonia Guerrero, en la Ciudad de México. Lamentablemente el establecimiento ha
cerrado, pero aquí tenemos una probadita de lo que fue. Es importante usar una crema
de muy buena calidad. Cuando pregunté para qué le ponían crema, la mayora (jefa de
cocina) me dijo, en secreto y en voz baja, "para que no se ponga negro". La verdad es
que se vuelve muy sabroso.*

Procedimiento

- Extraiga la pulpa de los aguacates y macháquela con la sal hasta que quede
   martajada; agregue el jitomate, el chile, la cebolla, el cilantro y la crema.
   Mezcle, pruebe y ajuste de sal.

- Sirva acompañado de totopos de tortillas de maíz.

Guacamole con xoconostle

Ingredientes

6 xoconostles grandes

1 chile serrano verde fresco

1 ¼ de cucharadita de sal
aproximadamente

2 aguacates hass de 250 g cada uno
aproximadamente

¼ de taza de cilantro fresco picado

¼ de taza de cebolla picada

El xoconostle asado o cocido es un ingrediente que puede aportar sabor y cierta acidez a los preparados. Ésta es una receta que verdaderamente me fascinó desde el primer momento que la probé; proviene del estado de Guanajuato. Asegúrese de usar los xoconostles bien maduros, es decir, cuando están color rosa intenso. Seria ideal que esta receta la hiciera en molcajete.

Procedimiento

- Ase los xoconostles y el chile en un sartén a fuego bajo. Pele los xoconostles, córtelos por mitad y deseche las semillas. Martájelos junto con el chile y un poco de sal.

- Parta los aguacates por mitad, retire las semillas y con una cuchara extraiga toda la pulpa. Macháquela sobre los xoconostles, añada el cilantro y la cebolla. Mezcle, pruebe y ajuste de sal.

- Se puede comer en tacos de tortillas de maíz.

Guacamole con granada

Ingredientes

2 aguacates hass de 250 g cada uno
aproximadamente

¾ de cucharadita de sal aproximadamente

½ taza de granos de granada roja

1 cucharada de cebolla morada picada
finamente

½ cucharada de chile serrano verde picado

1 cucharadita de jugo de limón

La idea de esta receta proviene de la portentosa colección La comida familiar en los estados de la República, *de Banrural, y corresponde al estado de Colima; fue editada en 1988.*

Procedimiento

- Parta los aguacates por mitad, retire las semillas y con una cuchara extraiga toda la pulpa. Macháquela junto con la sal hasta que quede martajada.

- Añada la granada, la cebolla, el chile y el jugo de limón. Mezcle hasta que todo quede incorporado. Pruebe y ajuste de sal.

- Sirva a temperatura ambiente.

Guacamole de frutas

Ingredientes

3 duraznos amarillos, pelados y cortados en cubos

¼ de taza de cebolla morada o blanca, picada

1 pera pelada y cortada en cubos de 1 cm por lado aproximadamente

4 guayabas sin semillas, cortada en cubos de 1 cm por lado aproximadamente

1 manzana pelada y cortada en cubos de 1 cm por lado aproximadamente

1 cucharadita de ajo pelado y picado finamente

2 cucharaditas de jugo de limón

½ cucharadita de pimienta recién molida

2 cucharaditas de sal aproximadamente

2 aguacates hass maduros de 250 g cada uno aproximadamente

¼ de taza de granos de granada roja

Éste es un guacamole novedoso, que tiene múltiples usos; puede ser el relleno de un chile poblano, también se podria hacer una versión del chile en nogada para los que gustan de la fruta o son vegetarianos. Por supuesto puede comerse con totopos de tortillas a manera de botana, sobre cuadros de chicharrón o como guarnición de alguna carne asada de res, cerdo o pescado. Asegúrese de que el aguacate esté maduro.

Esta receta rinde hasta para 12 personas según se sirva. La receta original proviene de mi libro Verde en la cocina mexicana.

En los mercados populares se puede encontrar una variedad de granada roja muy intensa, que se diferencia de las demás, llamada "granada roja granate".

Procedimiento

• Coloque en un recipiente el durazno, la cebolla, la pera, la guayaba, la manzana, el ajo, el jugo de limón, la pimienta y la sal. Mezcle y reserve.

• Corte los aguacates, retire las semillas, pele y corte la pulpa en cubos de 1 centímetro por lado aproximadamente. Mezcle con las frutas cuidadosamente, procurando no machacar los aguacates o la fruta. Pruebe y ajuste de sal.

• Sirva la mezcla adornada con los granos de granada.

Guacamole exquisito

Ingredientes

1 cucharada de chiles serranos en vinagre, picados

1 cucharada de vinagre de los chiles

1 taza de verduras en vinagre, picadas

1 taza de cueritos de cerdo en vinagre, picados (opcional)

½ taza de crema

1 cucharada de jugo de limón

1 cucharada de aceite de oliva virgen

¼ de taza de cebolla picada finamente

1 taza de jitomate maduro picado

2 cucharaditas de sal aproximadamente

2 aguacates hass maduros de 250 g cada uno aproximadamente

250 g de queso ranchero o cotija en tiras

Entre todas las recetas de esta colección, el "guacamole exquisito" es tal vez el más diferente de todos, y aunque la mezcla de ingredientes puede parecer extraña, la receta hace honor a su nombre; acompañada con tostadas de tortillas de maíz, tortillas de harina o sobre trozos de chicharrón, puede resultar una botana muy sustanciosa y deliciosa.

En esta receta de Aguascalientes, el queso no es un adorno, verdaderamente complementa el sabor del guacamole. La idea proviene de la colosal colección de recetas de Banrural, la cual tuve que decodificar y preparar varias veces hasta lograr conseguir el sabor exquisito que prometía.

Rinde hasta 12 porciones.

Procedimiento

- Mezcle todos los ingredientes, excepto los aguacates y el queso; reserve.

- Parta los aguacates por mitad, retire las semillas y con una cuchara extraiga toda la pulpa. Macháquela ligeramente hasta que quede martajada, añádala a los demás ingredientes y mezcle sin batir demasiado. Pruebe y ajuste de sal.

- Sirva adornado con las tiras de queso.

Guacamole tropical

Ingredientes

1 mango Manila maduro de 300 g aproximadamente, pelado y cortado en cubos de 1 cm por lado

¼ de taza de jícama en cubos de ½ cm por lado aproximadamente

¼ de taza de cebolla morada o blanca, picada finamente

¼ de cucharadita de ajo pelado y picado finamente

2 cucharadas de jugo de limón

½ cucharadita de sal aproximadamente

¼ de cucharadita de pimienta negra recién molida

2 aguacates haas maduros de 250 g cada uno aproximadamente

2 cucharadas de granos de granada roja (opcional)

En las últimas décadas el estado de Michoacán se ha convertido en el mayor productor de aguacates en el mundo; de hecho, existe la Asociación de Productores de Aguacate de Michoacán, quienes son grandes promotores del fruto; ellos me han invitado muchas veces a diferentes lugares y países para fomentar el consumo del aguacate. En alguna demostración en Estados Unidos, desarrollé esta receta que ha resultado muy exitosa; la nombraron "tropical" por el hecho de usar mangos. Es una recreación del guacamole de frutas de mi libro Verde en la cocina mexicana.

En realidad la idea del guacamole con frutas no es tan novedosa; de hecho, hay por lo menos cuatro estados en el país cuyos recetarios antiguos lo registran; éstos son: Colima, Guanajuato, partes de Jalisco y Aguascalientes; en Aguascalientes se hace uno con verduras encurtidas en vinagre y cueritos de cerdo, y lo llaman "guacamole exquisito"; sin embargo, en ninguno se utiliza el mango.

Lo siento, pero una vez más tengo que decir que esta receta es una de mis favoritas y la única que realmente yo he inventado.

Procedimiento

• En un tazón grande combine el mango, la jícama, la cebolla, el ajo, el jugo de limón, la sal y la pimienta. Reserve.

• Parta los aguacates por mitad, retire las semillas y con una cuchara extraiga toda la pulpa. Macháquela ligeramente hasta que quede martajada y mezcle con el mango y los demás ingredientes. Pruebe y ajuste de sal.

• Sirva el guacamole y adorne con los granos de granada. Acompañe con totopos de tortilla de maíz.

Salsas con chiles frescos

En la cocina mexicana existen básicamente dos colores de salsas: las rojas y las verdes. Antiguamente todas se hacían en molcajete, por lo tanto solían ser martajadas y no molidas. Pero la tecnología ha cambiado la textura de las mismas, pues ahora es más fácil hacer salsas muy molidas con la licuadora. Esto ha modificado también el sabor contemporáneo, porque aunque todos aprecian las salsas martajadas, también hay una marcada preferencia por las salsas bien molidas y tersas.

Si se realizan en molcajete, por lo general se muelen primero los chiles con la sal y las especias, y al final se añade el jitomate o el tomate; casi siempre la textura es algo martajada. De cualquier manera, también se pueden hacer salsas similares en la licuadora, pues existen algunas que tienen diferentes velocidades y otras que tienen pulsos, permitiendo moler poco a poco los ingredientes hasta lograr la textura deseada.

Las salsas por naturaleza son picosas, ya que están elaboradas con chiles; sin embargo, no deben llegar al grado que sean casi imposible comerlas. En cada receta está señalado qué tan picosa es cada salsa; en algunos casos, incluso, recomiendo las cantidades. Todas las recetas fueron probadas varias veces; la cantidad de chile que sugiero en cada una es lo que consideré que era agradablemente picante, excepto en aquéllas que son muy picantes como la salsa picosa de ajonjolí.

Salsa de jitomate asado

Ingredientes

½ kg de jitomate maduro, asado hasta
ennegrecerse

4 dientes de ajo bien asados en su cáscara
y luego pelados

1 cuarterón de cebolla bien asada,
ennegrecida

3 chiles serranos verdes frescos bien
asados, ennegrecidos

½ taza de agua

1 cucharadita de sal aproximadamente

*Esta extraordinaria salsa es una recreación personal de una de las cinco salsas que
sirven para acompañar los tacos en la famosa taquería "El Charco de las Ranas", en el
barrio de Mixcoac en la Ciudad de México. Me llevó varias pruebas obtener el resultado
deseado. El gran truco consiste en asar perfectamente en el comal o sartén todos los
ingredientes hasta que estén ennegrecidos. Éstos no se pelan, excepto el ajo. La salsa
debe resultar café oscura, casi negra; de lo contrario no los asó de manera suficiente.*

Procedimiento

- Licue todos los ingredientes hasta obtener una salsa tersa que no sea
  necesario colar. Pruebe y ajuste de sal.
- Sirva tibia o a temperatura ambiente en una salsera.

Salsa de tomate rojo

Ingredientes

½ kg de jitomate maduro troceado

1 ½ cucharaditas de ajo pelado y picado

¼ de taza de cebolla picada

1 chile serrano verde chico, troceado

1 taza de agua

1 ½ cucharaditas de sal aproximadamente

*Esta salsa tiene la consistencia y apariencia de un caldillo. Este tipo de salsa se
acostumbra mucho en los estados del Golfo para acompañar alimentos como los
tamalitos de chaya o los plátanos rellenos. También sirve para tacos y cualquier otro
tipo de antojito.*

Procedimiento

- Coloque en una olla todos los ingredientes, tape y cueza por 15 minutos
  o hasta que el jitomate esté cocido. Deje enfriar.
- Licue a máxima velocidad por 30 segundos o hasta obtener una salsa tersa
  que no sea necesario colar. Caliente nuevamente una olla sin grasa y
  vuelva a cocer la salsa para que termine de espesar.
- Pruebe y ajuste de sal.
- Mantenga caliente para acompañar cualquier alimento.

Salsa ixnipec

Ingredientes

1 taza de jitomate maduro, cortado en cubos de ½ cm aproximadamente

¼ de taza de cebolla morada picada finamente

2 cucharadas de cilantro picado finamente

½ chile habanero sin semillas ni venas, picado finamente

3 cucharadas de jugo de naranja agria o jugo de limón

¾ de cucharadita de sal aproximadamente

El nombre de esta salsa también se puede encontrar escrito como xnipec, xni´pek, xnipek, ni´peek, x-ni-pek, x-ni-pec; entre otros, debido a que el nombre original es maya.

Entre los antiguos moradores de Yucatán que dominan la lengua maya se sabe que literalmente "Ixnipec" significa "nariz de perro", porque en algunas ocasiones la cantidad de chile habanero hace que la salsa quede tan picosa que a todo aquel que la come la nariz le empieza a sudar igual que la de un perro, como consecuencia del picor del chile. Un cazador maya me dijo que el verdadero origen del nombre de esta salsa proviene del hecho de que a los perros de caza se les daba esta salsa muy picosa para incentivarlos antes de salir de cacería.

Los aficionados de la cocina yucateca piensan que ésta es la salsa reina de la cocina yucateca. Por esto yo he reducido sustancialmente la cantidad de habanero para hacerla más agradable.

Esta salsa es tradicional para platillos como el pollo pibil, la cochinita pibil y el pescado tikin-xic, pero en realidad se puede utilizar en cualquier pescado, carne asada, antojito, u otros platillos.

Procure pelar las naranjas agrias antes de exprimirlas, porque el zumo de la piel puede amargar el jugo. De ellas se obtiene muy poco; no es raro que de una naranja sólo obtenga un poco más de una cucharada de jugo.

Cabe mencionar que se puede asar el chile si así lo desea; en este caso, yo lo prefiero crudo porque todos los ingredientes están crudos; pero al asar el chile la salsa adquiere características diferentes, entre ellas un sabor ligeramente ahumado.

Esta salsa se conserva hasta 3 días en refrigeración.

Procedimiento

- Mezcle todos los ingredientes en un tazón de acero inoxidable o vidrio hasta incorporarlos y deje reposar por 30 minutos en el refrigerador.

- Antes de servir, vuelva a mezclar todo para que los jugos del fondo se reincorporen. Pruebe y ajuste de sal.

- Sirva a temperatura ambiente.

Salsa ranchera estilo Ciudad de México

Ingredientes

1 ℓ de agua

½ kg de jitomate maduro

2 chiles serranos verdes, frescos y grandes

¼ de taza de cebolla picada

2 dientes de ajo chicos, pelados

2 cucharadas de aceite vegetal

¾ de cucharadita de sal aproximadamente

Bajo el nombre de "salsa ranchera" se puede encontrar cualquier salsa de origen ranchero, de una pequeña comunidad o pueblo, que se encuentre a las afueras de una ciudad importante; sin embargo, en los restaurantes y cafeterías del centro del país y en la Ciudad de México, se trata de una salsa de jitomate licuado, ligeramente picante, con la que se acompañan todo tipo de alimentos en la mesa. Es típico que mientras la gente espera los platillos coma de esta salsa, poniéndola sobre trozos de bolillo o totopos de tortilla de maíz; con ella también se hacen platillos como los famosos huevos rancheros, que se sirven en el desayuno.

Por lo menos en las cafeterías de México, D.F., es una exigencia capitalina que siempre haya salsa ranchera y salsa mexicana para escoger; no es nada raro ver las dos.

Ésta es una receta tan popular que puede tener muchas variantes; muchas cocineras prefieren asar los jitomates en lugar de cocerlos en agua. También hay quien no licua la cebolla y la deja rebanada para que nade en la salsa.

Se conserva hasta 5 días en refrigeración.

Procedimiento

- Cueza en el agua los jitomates, los chiles, la cebolla y los ajos hasta que estén bien cocidos. Retire del fuego. Cuele, reserve el agua y los ingredientes aparte y deje enfriar.

- Licue todos los ingredientes hasta que la salsa quede muy tersa, de manera que al colarla quede lo mínimo de bagazo. Deseche cualquier residuo que pudiera quedar en el cedazo. Reserve.

- Por separado, en una olla pequeña caliente a fuego medio el aceite y vierta en ella la salsa para que se fría. Cuando hierva, baje el fuego, añada la sal y ⅓ de taza del agua donde se cocieron los jitomates. A partir de que hierva nuevamente, cueza por 10 minutos más moviendo de vez en cuando. Apague y retire del fuego.

- Sirva caliente o a temperatura ambiente en una salsera.

Salsa ranchera estilo Xalapa

Ingredientes

½ kg de jitomate maduro asado

3 chiles serranos grandes asados

½ cuarterón de cebolla asado

2 dientes de ajo medianos, asados y pelados

¾ de cucharadita de sal aproximadamente

Enfatizo que ésta es una salsa ranchera de la región de Xalapa, Veracruz. En la Ciudad de México existe otra muy diferente que es color rojo, licuada y más liquida.

El término "ranchero" puede ser muy confuso; en realidad, en todo el país existen diferentes tipos de salsas rancheras, es decir, que se hacen en los pueblos o ranchos. Originalmente esta salsa se hace en molcajete, por esto hay recetas muy parecidas a ésta que también se llaman "salsa de molcajete". En este caso, "salsa ranchera" es sinónimo de salsa rústica o martajada.

Yo prefiero utilizar jitomates bien maduros, pero he observado que en Xalapa algunas personas usan indistintamente el jitomate en diferentes estados de maduración. Me ha sorprendido que aunque los usen algo verdes y las salsas salgan pálidas, de cualquier manera resultan muy sabrosas.

Esta salsa se conserva hasta 4 días en refrigeración.

Procedimiento

Versión en licuadora

• Pique un poco los jitomates, los chiles, la cebolla y los ajos. Licue los cinco ingredientes por 5 segundos o hasta que todos queden sólo martajados. La textura de esta salsa no es totalmente licuada ni uniforme; el molido debe ser rústico.

• Vierta el contenido en una salsera, pruebe y ajuste de sal.

• Sirva caliente o a temperatura ambiente.

Versión en molcajete

• Pique un poco los jitomates, los chiles, la cebolla y los ajos. Coloque en el molcajete todos los ingredientes, excepto el jitomate.

• Con el tejolote o piedra, muela todo hasta que quede martajado. Añada el jitomate y vuelva a moler hasta que quede martajado también. Pruebe y ajuste de sal al gusto.

• Retire el tejolote y sirva a temperatura ambiente en el mismo molcajete.

Chiltomate asado

En la península de Yucatán existen básicamente dos formas de hacer esta agradable salsa de jitomate, de sabor muy suave, que sirve para acompañar prácticamente cualquier antojito o alimento. El jitomate puede estar asado o cocido; es una verdadera controversia cuál de las dos versiones es mejor.

Ingredientes

1 kg de jitomate bola maduro, asado

1 cuarterón de cebolla asado

1 chile habanero entero asado, bien quemado

1 ¼ cucharaditas de sal aproximadamente

Procedimiento

• Licue el jitomate con la cebolla hasta obtener una salsa con textura; cueza con un poco de agua y la sal, por 15 minutos. Agregue el chile habanero entero cuidando de no romperlo, de lo contrario la salsa quedaría muy picosa. Añada una taza de agua, deje cocer por 10 minutos o hasta que la salsa reduzca y esté algo espesa. Retire del fuego.

• Sirva caliente o a temperatura ambiente.

Chiltomate cocido

En términos llanos ésta es una salsa de jitomate cocida cuya textura molida o muy tersa cambia según quien la cocine; las hay desde muy espesas hasta muy aguadas. Yo la prefiero espesa y con mucha textura. La cebolla puede estar molida, picada o rebanada. En esta versión los jitomates se cuecen en agua. Sus usos son infinitos, al igual que la salsa de chiltomate asado.

Ingredientes

2 ℓ de agua

½ kg de jitomate bola maduro

2 cucharadas de cebolla picada finamente

¾ de cucharadita de sal aproximadamente

1 chile habanero entero bien asado

Procedimiento

• Cueza los jitomates y la cebolla por 20 minutos. Retire del fuego, cuele, reserve agua e ingredientes aparte y deje enfriar.

• Pele los jitomates sin retirar las semillas. Lícuelos con la cebolla hasta obtener una salsa tersa.

• Continúe la preparación como la receta anterior.

Salsa verde cruda

Ingredientes

½ kg de tomate verde sin cáscara y partido en 4 partes

3 chiles serranos verdes frescos, troceados

¼ de taza de cebolla picada finamente

½ cucharadita de ajo pelado y picado finamente

¼ de taza de cilantro fresco picado toscamente

1 ½ cucharaditas de sal aproximadamente

Ésta es una salsa muy tradicional que se encuentra a diario en fondas y restaurantes de la Ciudad de México y el centro del país; a nivel casero también se acostumbra mucho. Se utiliza para acompañar todo tipo de alimentos. La textura depende del gusto personal; puede estar ligeramente martajada o muy tersa. En este caso se sugiere que sea una salsa con textura. Se recomienda hacerla media hora antes de servirla. Es normal que al otro día se vuelva más verde, pero no se echa a perder. Se conserva hasta 3 días en refrigeración.

Procedimiento

- Licue los tomates con los chiles, sin agua, por 20 segundos o hasta que obtenga una salsa tersa.
- Detenga la licuadora, añada la cebolla, el ajo, el cilantro, la sal y licue 5 segundos más. Pruebe y ajuste de sal. Sirva a temperatura ambiente.

Salsa verde cruda-cocida

Ingredientes

1 taza de agua

½ kg de tomate verde sin cáscara

3 cucharadas de cebolla picada finamente

½ cucharadita de ajo pelado y picado

3 chiles serranos verdes, troceados

½ taza de hojas de cilantro picado

1 ¼ cucharaditas de sal aproximadamente

Esta versión debe su nombre a que lo único que está cocido son los tomates y todos los demás ingredientes quedan crudos; el simple hecho de no cocer los chiles modifica mucho el sabor final. Al igual que las demás, ésta es una salsa de mesa multiusos.

Procedimiento

- Cueza los tomates en agua por 15 minutos. Retire del fuego y cuele. Reserve aparte el agua y los tomates y deje enfriar.
- Licue el ajo, la cebolla, los chiles y una cuarta parte de los tomates hasta obtener una salsa tersa. Añada el resto de los tomates, el cilantro, la sal y vuelva a licuar unos segundos más para que la salsa quede martajada.
- Sirva en una salsera o molcajete, pruebe de sal y ajuste si es necesario.

Salsa verde cocida

Ingredientes

1 ℓ de agua

3 chiles serranos verdes frescos

½ kg de tomate verde pelado

¼ de taza de cebolla picada

1 cucharadita de ajo pelado y picado finamente

¼ de taza de cilantro fresco picado

1 ¼ cucharaditas de sal aproximadamente

Esta salsa también es muy común en el centro del país; es multiusos. Gusta mucho el contraste que hacen los tomates cocidos y licuados con los demás ingredientes crudos; es una gran favorita para muchos. Usualmente mucha gente cuece juntos los tomates y el chile, pero de acuerdo con las señoras de Tláhuac en el Distrito Federal, los chiles tardan más tiempo en cocerse que los tomates, por eso, prefieren cocer primero los chiles y después añadir los tomates.

Procedimiento

- En una olla pequeña con tapa ponga a calentar el agua a fuego alto. Cuando hierva a borbotones añada los chiles, tape y déjelos cocer por 5 minutos.

- Agregue los tomates, vuelva a tapar y deje cocer por 5 minutos más o hasta que los tomates estén bien cocidos, pero no desbaratados. Apague, drene y deje enfriar por 15 minutos para poder licuar.

- Licue los chiles, los tomates, la cebolla, el ajo, el cilantro y la sal por 15 segundos hasta obtener una salsa tersa con textura. Pruebe y ajuste de sal.

- Si desea la salsa más líquida, puede añadir de 1 cucharada a ½ taza de agua, a su gusto.

- Sirva en una salsera o molcajete.

Salsa verde cocida con aguacate molido

Ésta es una salsa también muy común en el centro del país, que se acostumbra comer con muchos antojitos; es muy buscada porque los mexicanos somos amantes del aguacate y de todo lo que contenga aguacate. Por esto la gente también la llama "salsa de guacamole" o "salsa de aguacate". Es excelente para carnitas, chicharrón o cualquier antojito.

- Al licuar los ingredientes agregue la pulpa de 2 aguacates.

Salsa verde cocida y frita

Ésta es una de las salsas más comunes; se encuentra por todas partes como salsa de mesa o salsa picante. Con ella también se pueden hacer chilaquiles y enchiladas verdes añadiéndoles ramas de epazote en el último hervor. Aunque es frita, la cantidad de aceite es mínima, especialmente si se considera que son dos cucharadas de aceite y que se obtiene más de medio litro de salsa.

Ingredientes

1 ℓ de agua

3 chiles verdes serranos frescos

½ kg de tomate verde sin cáscara

¼ de taza de cebolla picada

1 cucharadita de ajo pelado y picado finamente

¼ de taza de cilantro fresco picado

1 ¼ cucharaditas de sal aproximadamente

2 cucharadas de aceite vegetal

Procedimiento

• Ponga a hervir el agua en una olla pequeña tapada. Cuando hierva a borbotones añada los chiles y deje cocinar tapada por 5 minutos. Agregue los tomates, tape y cueza durante 5 minutos más hasta que los tomates estén bien cocidos, pero sin desbaratarse.

• Retire del fuego, drene los chiles y los tomates y deje enfriar.

• Licue los chiles, los tomates, la cebolla, el ajo, el cilantro y la sal por 20 segundos o hasta obtener una salsa tersa con textura.

• Caliente el aceite en una cacerola a fuego alto, añada la salsa y deje hervir. Baje el fuego y cocine por 5 minutos más moviendo de vez en cuando para que no se pegue. En este paso la salsa deberá estar suficientemente espesa, pero si la desea más ligera añada ¼ de taza de agua y ajuste de sal.

• Sírvala en salsera o molcajete a temperatura ambiente.

Salsa verde con epazote

Decidí incluir esta salsa verde muy sencilla del estado de Morelos, porque aunque en los estados del centro del país hay muchas recetas de salsas verdes, en realidad casi no hay ninguna salsa de mesa que contenga epazote.

• En la receta anterior sustituya el cilantro por 4 ramas frondosas de epazote, retirándolas antes de servir.

Salsa verde asada

Ingredientes

½ kg de tomate verde sin cáscara

3 chiles serranos verdes frescos

1 cuarterón de cebolla

3 dientes de ajo grandes, pelados

1 ¼ cucharaditas de sal aproximadamente

2 cucharadas de cilantro picado finamente
 (opcional)

Ésta es otra de las salsas verdes clásicas que se acostumbran en muchas partes del centro del país. Con más o menos ingredientes existen muchas versiones de ella. También es llamada "salsa de molcajete" o "salsa molcajeteada", pues tradicionalmente los ingredientes se muelen en un molcajete. También se puede hacer en licuadora.

Se conserva hasta 3 días en refrigeración.

Procedimiento

- Ase en un comal o sartén a fuego medio los tomates, los chiles, la cebolla y los ajos. Deje que se quemen hasta que les aparezcan ampollas o pecas negras. Los tomates requerirán más tiempo, así que voltéelos para que el asado sea uniforme.

- Conforme vaya retirando los ingredientes del sartén, colóquelos en una bolsa de plástico sin perforaciones y ciérrela. Déjelos reposar por 20 minutos.

- Licue los ingredientes por 10 segundos y añada sal. Si desea una textura más fina, licue por un tiempo mayor, 30 segundos aproximadamente.

- Vierta en una salsera o molcajete, añada el cilantro, mezcle, pruebe y ajuste de sal.

Salsa de habas verdes con chile serrano

Ingredientes

100 g de habas verdes desvainadas con cáscara

2 cucharadas de cebolla picada toscamente

1 diente de ajo grande crudo y pelado

½ cucharadita de sal aproximadamente

1 chile serrano fresco grande asado sin rabo

250 g de tomate verde sin cáscara, asado

Ésta es una salsa totalmente rústica y campesina de San Felipe del Progreso, Estado de México. Los mexicanos que habitamos en las ciudades hemos olvidado lo vegetariano y lo bajo en grasas de muchas recetas tradicionales. Esta salsa se remonta a los tiempos en que se untaba generosamente a una tortilla de maíz y podía ser la parte principal del desayuno o comida del mediodía.

En este caso se requieren habas verdes, frescas, fuera de su vaina, que vienen dentro de una piel o cáscara que encapsula la pulpa del haba fresca; esta piel se debe conservar para poder asarlas en comal.

No omito decir que es una salsa muy sabrosa, espesa, ideal para untarse en tacos o tostadas.

Se conserva hasta 4 días en refrigeración.

Procedimiento

• Ase las habas en un comal o sartén a fuego bajo. Tenga precaución, pues tienden a explotar y las cáscaras se separarán un poco de la pulpa. Cuando aparezcan grandes pecas negras de ambos lados, retírelas del comal o sartén, déjelas enfriar y pélelas.

Versión en molcajete

• En un molcajete muela la cebolla, el ajo y la sal. Agregue el chile, continúe moliendo y añada poco a poco los tomates.

• Incorpore las habas y muela hasta que queden martajadas; el objetivo es dejarlas en trozos pequeños irregulares. Pruebe y ajuste de sal al gusto.

• Sirva a temperatura ambiente en el mismo molcajete.

Versión en licuadora

• Licue la cebolla, el ajo, el chile serrano, el tomate verde y la sal hasta obtener una salsa homogénea o martajada. Añada las habas verdes y licue de nuevo sólo para que queden martajadas.

• Vierta el preparado en una salsera, pruebe y ajuste de sal.

• Sirva a temperatura ambiente.

Salsa de chile serrano con xoconostle

Ingredientes

5 xoconostles asados, pelados y sin semillas

3 chiles serranos verdes frescos, asados

1 cucharada de aceite

½ taza de agua

1 ¼ cucharaditas de sal aproximadamente

1 taza de cebolla picada finamente

⅓ de taza de cilantro fresco picado

En el estado de Guanajuato existen tantas recetas caseras preparadas con xoconostle que es difícil cuantificarlas. En general todas tienen un agradable sabor ácido y refrescante que proporciona el xoconostle.

Procedimiento

• Licue todos los ingredientes, excepto la cebolla y el cilantro, hasta que obtenga una salsa martajada o tersa, según su gusto.

• Viértala en un tazón, añada la cebolla y el cilantro, mezcle, pruebe y ajuste de sal.

• Sirva en una salsera a temperatura ambiente.

Salsa de xoconostle molcajeteada

Ingredientes

250 g de tomate verde sin cáscara

3 chiles serranos

1 diente de ajo grande pelado

6 xoconostles asados, pelados y sin semilla

½ taza de cebolla picada finamente

1 ½ cucharaditas de sal aproximadamente

¼ de taza de cilantro fresco picado

Debido a la gran cantidad de recetas con xoconostles crudos, cocidos o asados, decidí hacer una pequeña sección de salsas con xoconostles. Porque cada una tiene un sabor especial.

Procedimiento

• Cueza los tomates y los chiles en agua. Cuele y reserve.

• Licue los tomates, los chiles, el ajo, los xoconostles y la sal hasta obtener una salsa martajada o con textura según su gusto.

• Vierta en una salsera, añada la cebolla y el cilantro; mezcle, pruebe y ajuste de sal.

Salsa de charales secos

Ingredientes

250 g de tomate verde sin cáscara y asado

1 diente de ajo chico pelado

1 chile serrano grande y asado

¼ de taza de cilantro picado

⅔ de taza de charales secos, tostados

sal de grano al gusto (opcional)

Ésta es un receta muy tradicional que se prepara en diferentes comunidades de indígenas purépechas que habitan alrededor del lago de Pátzcuaro, Michoacán.

En el pasado, los charales eran muy abundantes en este lago. La mayoría de las veces, se comen frescos, enharinados y fritos para hacerse tacos. En otras ocasiones se salan para consumirse en salsas como ésta, la cual se acompaña con rebanadas de aguacate para hacer tacos con tortilla de maíz.

Recomiendo tener hecha la salsa con anticipación y añadir los charalitos justo antes de servir para que todavía estén crocantes.

En diferentes regiones de México se pueden encontrar pequeños pescados bajo el nombre de "charales" o "topen", procure utilizar los más pequeños. En los supermercados se venden como "boquerones secos". En todos los casos las cabezas, colas y espinas son totalmente comestibles.

Nótese que no recomiendo la cantidad de sal porque los charales en ocasiones pueden estar muy salados; es mejor preparar toda la salsa, probar y ajustarla en los últimos minutos.

Procedimiento

• Licue el tomate, el ajo, el chile, la sal y el cilantro hasta obtener una salsa martajada o muy molida, según su gusto.

• Coloque la salsa en un tazón, añada los charales, mezcle, pruebe y ajuste de sal. Sirva inmediatamente.

Salsa de chile amashito a la tabasqueña

Ingredientes

1 cucharada de chile amashito fresco
  entero
1 ¼ cucharaditas de sal aproximadamente
⅓ de taza de jugo de limón verde

Ésta es una receta muy sencilla que sirve para darle personalidad a muchos guisos de Tabasco, Chiapas y estados de la península de Yucatán. Tradicionalmente se hace en un cajete pequeño, hecho de barro, de unos 10 o 12 centímetros de diámetro, y los chiles se machacan con una piedra de río, pues en Tabasco no se utilizan molcajetes para este tipo de salsas.

La salsa de chile amashito es indispensable dentro de la comida tradicional de Tabasco; en este estado los guisos no son picantes y cada comensal añade de forma personal la cantidad de chile que desee poner. Así es como se condimentan las mojarras asadas o fritas, el pejelagarto asado, el puchero de carne de res y prácticamente cualquier guiso seco o caldoso.

En este preparado debe asegurarse de tener bastante jugo de limón, pues una gran mayoría hace a un lado los chiles machacados y solamente ocupa el jugo de limón, que rocía sobre los alimentos. Esta salsa nunca se hace en grandes cantidades, pues un poco sirve para toda la familia.

El chile amashito es un chile típico de Tabasco, pertenece a la familia de los chiles piquines, la gran mayoría lo consume cuando es color verde, pero en caso de no tenerse puede sustituirse por chile piquín fresco, chile serrano fresco, chile de árbol fresco o chile habanero; éstos últimos deberán estar picados.

Procedimiento

• Coloque los chiles en un plato hondo o cajete y macháquelos con la sal hasta que queden martajados pero no molidos.

• Agregue el jugo de limón, mezcle, pruebe de sal y ajuste en caso de ser necesario.

Salsa de chile amax a la yucateca

Ingredientes

1 diente grande de ajo asado con piel

1 ¼ cucharaditas de sal aproximadamente

1 cucharada de chile amax fresco, ligeramente asado o 1 chile serrano fresco

⅓ de taza de jugo de naranja agria o jugo de limón

El nombre de este chile viene del maya, y puede escribirse en español como max, amax, machito, macho, amashito o amachito. Los chiles se asan porque se piensa que crudos caen pesados al estómago. Los ajos se asan y se dejan con todo y piel; los comensales saben que ésta no se come. Suele hacerse en un mortero de madera llamado kokoic, *que ha sido sustituido casi en su totalidad por un platito hondo de peltre.*

Procedimiento

- En un plato hondo pequeño, machaque el ajo y la sal; añada los chiles y macháquelos hasta que queden rotos pero enteros; agregue el jugo de naranja agria y mezcle hasta que la sal se haya diluido totalmente. Sirva en un plato hondo o salsera a temperatura ambiente.

Salsa de chile jalapeño estilo mascogo

Ingredientes

3 chiles jalapeños asados

1 diente de ajo grande pelado

250 g de tomate verde sin cáscara, asado

1 cucharadita de sal aproximadamente

Hubiera esperado que este tipo de recetas vinieran de Xalapa, Veracruz, de donde supuestamente los chiles jalapeños son originarios, pero la realidad es que en los alrededores de Xalapa no existen cultivos de este chile; en dicha ciudad existió una estación de ferrocarril muy importante en donde se comercializaban, que antiguamente se llamaban cuaresmeños. Se empezaron a llamar jalapeños cuando una empacadora llamada "La Jalapeña" empezó a enlatar chiles encurtidos.

La receta que se presenta proviene del recetario Mascogo de Coahuila, *publicado por CONACULTA. Para darle el toque regional que esta receta merece, se debe advertir que los tomates y los chiles deben estar bien asados y que no es necesario pelarlos.*

Procedimiento

- Licue todos los ingredientes hasta obtener una consistencia a su gusto. Pruebe y ajuste de sal. Sirva a temperatura ambiente.

Salsa de chile manzano

Ésta es una salsa poco usual; aunque el chile manzano es muy común en los mercados populares del centro del país, casi todo se destina para rebanarlo muy delgado y curarlo en jugo de limón con sal y cebolla para hacer una especie de pico de gallo.

Ingredientes

2 jitomates maduros chicos, asados

1 chile manzano asado

3 dientes de ajo grandes, pelados

¼ de taza de cebolla picada finamente

½ taza de agua

1 cucharadita de sal aproximadamente

1 cucharadita de aceite

Procedimiento

- Licue todos los ingredientes, excepto el aceite, hasta obtener una salsa tersa o martajada según su gusto.

- En un sartén u olla pequeña, caliente el aceite y fría la salsa; deje que hierva, baje el fuego y cueza por 5 minutos. Pruebe, ajuste de sal y retire del fuego.

- Sirva a temperatura ambiente en una salsera.

Salsa de guaje morelense

Como su nombre lo indica, esta receta pertenece a la cocina tradicional del estado de Morelos, pero en muchos estados del centro del país, como el Estado de México, Puebla, Hidalgo y Tlaxcala, se hacen recetas muy similares, en las que sólo cambian el tipo de chile o las cantidades de los ingredientes.

Debido a que el árbol del guaje se adapta a diferentes microclimas, no debe extrañar que en la comida indígena y popular de Baja California, Oaxaca y Chiapas también haya recetas como ésta.

Se necesitan unas 20 vainas de guajes para obtener ¼ de taza de semillas de guaje.

Ingredientes

¼ de taza de semillas frescas de guaje (20 vainas aproximadamente) asadas en un comal

3 jitomates chicos asados

2 chiles de árbol frescos asados

1 cucharadita de sal aproximadamente

Procedimiento

- Licue todos los ingredientes hasta obtener una salsa martajada o tersa, según su gusto. Pruebe y ajuste de sal. Sirva en una salsera a temperatura ambiente.

Salsa de nuez pame

Los pames que habitan San Luis Potosí y Querétaro hacen esta salsa de nuez pacana con chile piquín que, de acuerdo con los antropólogos, en su lengua nativa, se escribe Gil 'jyu gatung.

La delicadeza de esta salsa me recuerda a la de nogada de Puebla. El chile piquín fresco puede sustituirse por cualquier chile verde.

Ingredientes

1 taza de nuez picada sin cáscara (100 g aproximadamente)

6 chiles piquines frescos o secos

¾ de taza de agua

½ cucharadita de sal aproximadamente

Procedimiento

• Licue todos los ingredientes, pruebe y ajuste de sal.

• Sirva a temperatura ambiente. La consistencia de esta salsa resulta espesa; de hecho, las nueces pueden quedar martajadas.

Salsa de nuez

Ésta es una muestra más de lo infinita que puede ser la cocina mexicana utilizando productos regionales; en algunos estados se utiliza semilla de calabaza, en otros ajonjolí o cacahuate. Esta salsa picante del estado de Morelos es muy sabrosa y puede alcanzar tonos muy sutiles reduciendo la cantidad de chile que se sugiere en la receta.

La nuez que se utiliza es la llamada cáscara de papel, nuez encarcelada, nuez larga, nuez criolla o pacana, en todos los casos es la misma.

Ingredientes

1 jitomate maduro asado

2 chiles serranos asados

150 g de nueces peladas y picadas (1 ½ tazas aproximadamente)

1 cucharada de ajo pelado y picado finamente

¼ de taza de cebolla picada

1 taza de agua

1 cucharadita de sal aproximadamente

2 cucharadas de cilantro fresco picado

Procedimiento

• Licue el jitomate, los chiles, las nueces, el ajo, la cebolla, el agua y la sal, hasta obtener una salsa molida con cierta textura, de consistencia espesa o pastosa. Mezcle con el cilantro, pruebe y ajuste de sal.

• Sirva en una salsera a temperatura ambiente.

Salsa picosa de ajonjolí

Ingredientes

400 g de jitomate maduro y asado

5 chiles de árbol frescos asados

¾ de taza de ajonjolí tostado (100 g
    aproximadamente)

1 rama de cilantro fresco

½ taza de agua

1 cucharadita de sal aproximadamente

*El ajonjolí es muy apreciado en el estado de Veracruz; con él se hacen muchos guisos,
como el pascal o tlatonile. También existen gran variedad de salsas con ajonjolí, unas
suaves y otras muy picosas. En algunos casos son tan espesas que sirven para untarlas
en bolillos o tortillas de maíz.*

*Aunque he advertido que tradicionalmente ésta es una salsa muy picosa, su sabor se
vuelve muy agradable también al disminuir la cantidad de chile.*

Procedimiento

- Licue todos los ingredientes hasta obtener una salsa de consistencia tersa y
pastosa. Debido a que ésta es una salsa muy espesa, tendrá que parar el
motor y mezclar con una cuchara para ayudar a las aspas a licuar todo.
Pruebe y ajuste de sal.

Salsas con chiles secos

Las salsas de chiles secos se caracterizan por su sabor. Los diferentes chiles y su procesamiento otorgan a cada una sabores particulares. Así, una salsa con chile de árbol seco será muy diferente a una realizada con chile catarino o chile chipotle ahumado.

Básicamente en esta sección se mencionan los siguientes tipos de salsas: salsas borrachas, salsas con xoconostle, salsas de chiles ahumados y salsas especiales.

Las salsas borrachas *son distintivas del centro del país. Tradicionalmente están elaboradas con chile pasilla y pulque, de ahí su nombre de borracha. Los mexicanos hacemos mucho énfasis en lo "borracho" porque hay pocos platillos tradicionales que se hacen con vino o licor. Todo parece indicar que ésta es la única salsa tradicional elaborada con algún tipo de bebida alcohólica.*

Entre las salsas con xoconostle *se encuentran en esta sección el xocochile y la salsa de xoconostle con chile de árbol. En otras secciones de este libro podrá encontrar otras salsas elaboradas con xoconostle.*

Las salsas de chiles ahumados *gozan de una gran predilección en el gusto de los mexicanos. Existen varios tipos de chiles, entre los que se encuentran el chile chipotle y sus variantes, como el meco, el tamarindo, el rojo, el navidad o el mora. También en esta familia de secos están el mora y el morita.*

Las salsas especiales *se caracterizan por tener algún ingrediente o técnica particular en su elaboración, tales como la salsa macha con cacahuate, la salsa de semilla de chile pasilla o la salsa brava tarahumara.*

Salsa borracha de Guanajuato con xoconostle

Ingredientes

5 xoconostles asados, pelados y sin semillas

1 diente de ajo grande pelado

3 chiles guajillo sin rabos, semillas ni venas, asados

1 taza de pulque blanco natural o cerveza clara

1 ¼ cucharaditas de sal aproximadamente

½ taza de cebolla picada

¼ de taza de cilantro fresco picado

1 aguacate hass grande maduro de 250 g aproximadamente (opcional)

Aunque la familia de las salsas borrachas es muy grande y todas parecieran iguales, esta versión guanajuatense es verdaderamente diferente y otra de mis grandes favoritas. Cabe hacer notar que ésta es tal vez la única salsa borracha que no se hace con chile pasilla.

Procedimiento

- Licue los xoconostles, el ajo, los chiles, el pulque y la sal hasta obtener una salsa martajada o fina, según su preferencia.

- Vierta en un tazón, añada la cebolla y el cilantro, mezcle hasta que quede todo incorporado, pruebe y ajuste de sal.

- Sirva en una salsera. Si desea puede acompañar con rebanadas de aguacate.

Salsa borracha de San Rafael, Estado de México

Ingredientes

6 chiles pasilla sin rabos, semillas ni venas, en trozos chicos

2 tazas de pulque blanco natural o cerveza

4 dientes de ajo grandes, asados en su piel y luego pelados

1 ¼ cucharaditas de sal aproximadamente

1 taza de cebolla rebanada

1 taza de queso panela o ranchero desmoronado

En el poblado de San Rafael, cerca de Ixtapaluca, a las faldas del Iztaccíhuatl, en el Estado de México, se hace esta salsa para el consomé y tacos de barbacoa. Es muy difícil para mí decir cuál de todas las salsas borrachas me gusta más, pero definitivamente ésta es una de mis grandes favoritas, especialmente porque las cebollas rebanadas y el queso se mezclan con la salsa y se marinan con la mezcla de chiles. Aclaro que los chiles están totalmente crudos.

Procedimiento

- Remoje los chiles en el pulque hasta que se suavicen. Lícuelos con los ajos y la sal hasta que queden completamente molidos.

- En un tazón mezcle la salsa con la cebolla y ¾ de taza del queso. Pruebe y ajuste de sal. Sirva en una salsera y adorne con el queso restante.

Salsa borracha clásica

La receta que a continuación se describe es muy del estilo de los estados de Hidalgo, Tlaxcala, Querétaro, Puebla, Estado de México y Distrito Federal, en donde existió y existe una gran tradición pulquera y de barbacoa.

Esta receta me fue proporcionada por el padre Julián Pablo, entusiasta párroco de la Iglesia y Ex Convento de Santo Domingo, en el Centro Histórico de la Ciudad de México, quien es un gran aficionado de la comida mexicana.

En muchos restaurantes acostumbran servirla en una salsera adornada con tiras de queso añejo o panela y aguacate rebanado.

Esta salsa se conserva máximo 2 días en refrigeración.

Ingredientes

½ taza de pulque blanco natural o cerveza clara

½ taza de jugo de naranja

4 chiles pasilla grandes asados sin rabos, semillas ni venas

¼ de taza de cebolla picada

1 diente de ajo grande, asado en su piel y luego pelado

¾ de cucharadita de sal aproximadamente

¼ de taza de agua

100 g de queso añejo en tiras (opcional)

1 aguacate chico rebanado (opcional)

Procedimiento

- En una olla pequeña caliente a fuego medio el pulque y el jugo de naranja. Rompa los chiles con las manos y agréguelos al pulque; tape y cueza por 10 minutos o hasta que los chiles estén suaves; retire del fuego y deje enfriar.

- Licue los chiles con todo y el líquido donde se cocieron, la cebolla, el ajo, la sal y el agua hasta obtener una salsa tersa que no sea necesario colar. Pruebe y ajuste de sal al gusto. Sirva a temperatura ambiente en una salsera.

- Si lo desea, puede adornar la superficie de la salsa con tiras de queso añejo o panela y rebanadas de aguacate.

Salsa borracha estilo Jalisco

Ingredientes

6 chiles pasilla grandes asados, sin rabos, semillas ni venas

1 cuarterón de cebolla, asado

2 dientes de ajo grandes, asados en su piel y luego pelados

½ taza de pulque blanco o cerveza clara

1 taza de agua

1 ½ cucharaditas de sal aproximadamente

½ cucharadita de azúcar

¼ de taza de cebolla picada finamente

⅓ de taza de cilantro picado finamente

Esta receta me la proporcionó María Martínez Fabián, mayora especialista en salsas mexicanas, de Ciudad Guzmán, Jalisco, donde la preparan para la barbacoa.

Los chiles sólo se asan y muelen en crudo, no se cuecen. En el pasado, la salsa de chile crudo fue más apreciada. Esta receta queda igualmente sabrosa cociendo los chiles en agua después de asarlos. Se conserva 2 días.

Procedimiento

- Rompa los chiles con las manos y lícuelos con la cebolla asada, los ajos, el pulque, el agua, la sal y el azúcar por 2 minutos o hasta obtener una salsa muy tersa que no sea necesario colar. Vierta la salsa en un recipiente, añada la cebolla cruda, el cilantro y mezcle bien. Pruebe y ajuste de sal.
- Sirva en una salsera a temperatura ambiente.

Salsa borracha tamaulipeca

Ingredientes

4 chiles guajillo asados, sin rabos, semillas ni venas

1 jitomate maduro chico, asado

1 diente de ajo asado en su piel y luego pelado

1 cucharadita de azúcar

1 cucharadita de sal aproximadamente

½ taza de tequila blanco

¼ de taza de agua

100 g de queso añejo o cotija desmoronado

Esta versión no proviene del estado de Jalisco. Tamaulipas es uno de los cinco estados que ostentan la denominación de origen para producir tequila en México. Al igual que en otras recetas de salsa borracha, en esta versión los chiles no se asan: se usan totalmente crudos.

Ésta es la salsa más borracha de todas, ¡más bien es alcohólica!

Procedimiento

- Licue todos los ingredientes, excepto el queso, hasta obtener una salsa tersa. Pruebe y ajuste de sal.
- Sirva a temperatura ambiente en una salsera y adorne con el queso desmoronado.

Xocochile

"Xocochile" es la conjunción de dos palabras: "xoconostle" y "chile", y es, tal vez, una forma diferente de llamar a una de las tantas salsas de chile con xoconostle que existen en el estado de Guanajuato. No se puede negar que la presencia del xoconostle aporta una acidez muy interesante al preparado.

Ingredientes

10 chiles guajillo grandes asados, sin rabos, semillas ni venas

1 taza de agua caliente

5 xoconostles asados, pelados y sin semillas

1 diente de ajo grande pelado

1 ¼ cucharaditas de sal aproximadamente

1 taza de cebolla picada finamente

¼ de taza de cilantro fresco picado

Procedimiento

• Rompa los chiles con las manos y remójelos en agua caliente por 25 minutos para que se suavicen.

• Licue los chiles con el agua del remojo, los xoconostles, el ajo y la sal hasta obtener una salsa tersa. Agregue la cebolla, el cilantro y mezcle. Pruebe y ajuste de sal.

• Vierta en una salsera y sirva a temperatura ambiente.

Salsa de xoconostle con chile de árbol

Esta versión proviene de San Felipe del Progreso, Estado de México, aportada por María Máxima López López. Es una salsa muy picosa. En la receta original se ocupaban 20 chiles y yo he reducido la cantidad a 10; aun así es muy picosa, todavía puede disminuirse la cantidad, pero recuerde que por naturaleza las salsas son picantes.

Se conserva hasta 5 días en refrigeración.

Ingredientes

2 xoconostles grandes asados, pelados y sin semillas

250 g de tomate verde sin cáscara, asado

10 chiles de árbol secos asados, sin rabos

1 diente de ajo grande, crudo y pelado

½ taza de cebolla picada finamente

½ taza de cilantro fresco picado

1 cucharadita de sal aproximadamente

Procedimiento

• Licue los xoconostles, los tomates, los chiles y el ajo hasta obtener una salsa martajada o muy licuada, según su gusto. Vierta en una salsera, añada la cebolla, el cilantro, la sal y mezcle bien.

• Pruebe y ajuste de sal al gusto. Sirva a temperatura ambiente.

Salsa de chile chipotle asado con jitomate

Ingredientes

2 chiles chipotle rojos grandes, asados sin rabos

250 g de jitomate maduro asado

2 dientes de ajo grandes, asados en su piel y luego pelados

¼ de taza de agua

1 cucharadita de sal aproximadamente

Recetas como ésta o similares, con innumerables variaciones, se hacen en los estados del centro del país donde el chile chipotle es un gran favorito. Cabe mencionar que hay muchas variedades de este chile: a veces lo encontrará de tono café con piel de textura leñosa, y en otros casos de tonos entre rojo y vino muy oscuro; ambos tienen diferentes características, sin embargo, los dos son de sabor y olor ahumados, no hay problema al utilizar uno u otro. Una salsa hermana de ésta es la "Salsa de chile chipotle asado con tomate verde". Debe ser picosa; si la desea más suave, retire las semillas y las venas de los chiles. Se conserva 5 días en refrigeración.

Procedimiento

• Licue todos los ingredientes por 2 minutos hasta obtener una salsa tersa. Pruebe y ajuste de sal.

• Sirva en una salsera a temperatura ambiente.

Salsa de chile chipotle asado con tomate verde

Ingredientes

3 chiles chipotle rojos grandes, asados, sin rabos

250 g de tomate verde sin cáscara, asado o cocido

2 dientes de ajo grandes, asados en su piel y luego pelados

¼ de taza de agua

1 cucharadita de sal aproximadamente

Una recopilación de recetas de salsas de chile chipotle estaría incompleta sin esta versión con tomate verde. En el recorrido que he hecho por el centro del país me he tropezado con esta receta tantas veces que, por común, estuve a punto de dejarla fuera de esta colección.

Al igual que las salsas tradicionales, originalmente ésta se hace en molcajete.

Procedimiento

• Licue todos los ingredientes hasta obtener una salsa martajada o tersa, según su gusto. Pruebe y ajuste de sal.

• Sirva en una salsera a temperatura ambiente.

Salsa de chile chipotle cocida

Ingredientes

3 chiles chipotle rojos grandes (o 6 chicos), asados, sin rabo, semillas ni venas

250 g de jitomate maduro asado, troceado

2 dientes de ajo grandes, asados con su piel y luego pelados

2 tazas de agua

1 ½ cucharaditas de sal aproximadamente

Ésta es otra variante también muy sabrosa, los ingredientes son los mismos que los de la salsa de chile chipotle asada; nótese que la diferencia en el sabor de esta salsa depende de la técnica de cocción de los ingredientes. Si desea que sea más picosa, utilice las semillas y las venas de los chiles.

Procedimiento

• En una olla pequeña coloque todos los ingredientes, excepto la sal. Tape y cueza a fuego medio hasta que los jitomates estén totalmente cocidos y los chiles suaves. Retire del fuego, y deje enfriar.

• Licue todos los ingredientes con la sal hasta obtener una salsa tersa; pruebe y ajuste de sal al gusto.

• Sirva a temperatura ambiente en una salsera.

Salsa de chile chipotle adobado

Ingredientes

250 g de jitomate maduro asado

3 chiles guajillo asados, sin rabos, semillas ni venas

3 dientes de ajo grandes, asados y pelados

1 cuarterón de cebolla asada

2 cucharadas de azúcar

1 cucharadita de orégano

2 tazas de agua

½ cucharadita de sal aproximadamente

6 chiles chipotle adobados

No se puede negar que la mayoría de los chiles chipotle que se consumen en México son adobados y enlatados. Esta receta me la trajo mi mamá de Coatzacoalcos, Veracruz, donde unas parientas lejanas la preparan como la salsa de diario.

Procedimiento

• Coloque los jitomates en una olla pequeña con los chiles guajillo, los ajos, la cebolla, el azúcar, el orégano, el agua y la sal. Tape, deje hervir y cueza por 15 minutos. Retire del fuego y deje enfriar.

• Licue todos los ingredientes con los chiles chipotle adobados hasta obtener una salsa tersa que no sea necesario colar. Pruebe y ajuste de sal.

• Sirva en una salsera a temperatura ambiente.

Salsa taquera con chile mora

Ingredientes

3 chiles mora asados sin rabos, semillas ni venas

2 chiles guajillo asados sin rabos, semillas ni venas

300 g de tomate verde sin cáscara, bien asado

3 dientes de ajo grandes, pelados

1 cucharadita de sal aproximadamente

⅓ de taza de agua

El nombre original de esta salsa es salsa de chile mora, pero ahora se conoce más como salsa taquera, porque es una salsa muy importante para acompañar los tacos al pastor; de hecho, ya hay quienes la fabrican bajo el nombre registrado de salsa taquera. También hay otra salsa muy antigua de chile de árbol que se conoce como Salsa Taquera.

Entre taquería y taquería es muy difícil distinguir si está hecha con chile de árbol o con chile mora; se supone que la salsa taquera original se hace con chile de árbol, pero muchos taqueros me han confesado que utilizan chile mora e incluso morita.

Uno de los grandes trucos del color de esta salsa se debe a la utilización del chile guajillo, que aporta el color rojo y la consistencia.

Para mí, el chile mora de la Ciudad de México es el mismo chile que en otras regiones del país se conoce como chile chipotle rojo chico.

Se conserva hasta 6 días en refrigeración.

Procedimiento

Versión en licuadora

• Remoje los chiles en agua por 20 minutos.

• Licue todos los ingredientes por 2 minutos o hasta obtener una salsa tersa. Pruebe y ajuste de sal al gusto.

• Sirva en una salsera a temperatura ambiente.

Versión en molcajete

• Remoje los chiles en el agua por 20 minutos.

• En un molcajete coloque los ajos y la sal. Con el tejolote machaque y muela hasta obtener un puré; añada los chiles y triture hasta que todo quede bien molido; agregue los tomates y muela hasta obtener la textura deseada, martajada o bien molida. Agregue agua en caso de que esté muy espesa.

• Sirva a temperatura ambiente en el mismo molcajete en el que se hizo.

Salsa de chile pasilla de Oaxaca

Ingredientes

3 chiles pasilla oaxaqueños de primera
    (grandes)
4 dientes de ajo grandes, crudos y pelados
1 cucharadita de sal aproximadamente
½ taza de agua

Ésta es una de las tantas recetas que las personas me han dado con buena fe durante mis viajes al interior del país. La señora Mabel Larrazábal Bolaños Cacho tuvo la gentileza incluso de redactarla.

En la receta se menciona que los chiles se chamuscan en la flama de la estufa; pero, originalmente, las cocineras zapotecas meten los chiles en los rescoldos de la leña para que se chamusquen, queden cenizos y algunas partes quemadas; es normal que los chiles se vean como polvosos. Una vez asados, éstos se conservan por mucho tiempo.

La señora Mabel aclara que es una salsa muy picosa con sabor a ajo (yo diría feroz). Por esto las personas untan una minúscula parte de esta salsa, de consistencia casi pastosa, a la tortilla para darle sabor.

Se puede hacer ligeramente menos picosa sin semillas ni venas.

Esta salsa se conserva hasta 2 semanas en el refrigerador.

Procedimiento

- Con unas pinzas sostenga uno a uno los chiles sobre la flama de la estufa y chamúsquelos ligeramente; cuide de no quemarlos.
- Retire los rabos, corte los chiles o rómpalos con todo y semillas, y remójelos en el agua caliente por 20 minutos para que se suavicen y sea más fácil molerlos.

Versión en molcajete

- En un molcajete muela los ajos con la sal hasta obtener un puré. Añada los chiles con el agua y muela hasta obtener una salsa con textura muy espesa, de consistencia pastosa. Sólo en caso de que esté muy seca agregue de 1 cucharada a ¼ de taza de agua. Cuide que no quede demasiado aguada.
- Sirva a temperatura ambiente en el mismo molcajete.

Versión en licuadora

- Licue los cuatro ingredientes hasta obtener una salsa martajada o tersa, según su gusto. Sirva a temperatura ambiente en una salsera.

Salsa de chile pasilla oaxaqueño con miltomates

Ingredientes

3 tazas de agua

250 g de miltomates o tomate verde

3 chiles pasilla oaxaqueños de primera (grandes)

4 dientes grandes de ajo asados con su piel y luego pelados

1 cucharadita de sal aproximadamente

Vale la pena leer la introducción de la receta anterior, "Salsa de chile pasilla de Oaxaca", para entender más sobre los chiles pasilla.

Debido a que no existe una sola receta de salsa de chile pasilla oaxaqueño en los valles centrales de Oaxaca, decidí añadir esta otra versión, de la que a su vez existen muchas variantes. Tradicionalmente se utilizan unos pequeños tomates verdes que se conocen como miltomates, es decir, son los tomates que crecen en la milpa, que suelen ser pequeños, jugosos, ácidos y dulces al mismo tiempo; los miltomates se pueden sustituir por tomate verde de cáscara. Esta salsa es de sabor más suave que la anterior sin dejar de ser picante. Se pueden dejar las semillas y venas para hacerla más picante o aumentar más chiles, pero creo que mis cantidades son correctas.

Esta salsa se conserva hasta 4 días bien tapada en refrigeración.

Procedimiento

• En una olla pequeña caliente el agua a fuego alto. Cuando hierva añada los miltomates, tape y deje cocer por 10 minutos. Retire del fuego, deseche el agua y deje enfriar.

• Con unas pinzas sujete un chile, póngalo directamente sobre la lumbre chamuscándolo por todos lados, pero cuide de no quemarlo. Repita este paso con los demás chiles, deje enfriar y deseche rabos, semillas y venas. Rómpalos un poco y remoje los chiles en ½ taza de agua caliente.

• Licue los miltomates y los chiles con el agua de remojo, los ajos y la sal hasta obtener una salsa tersa o martajada, según su elección. Pruebe y ajuste de sal.

• Sirva a temperatura ambiente en una salsera.

Salsa de chile piquín de San Luis Potosí

Ingredientes

12 chiles piquín secos

2 jitomates bola maduros, asados

250 g de tomate verde sin cáscara, cocidos en agua

¼ de taza de cilantro picado

1 ½ cucharaditas de sal aproximadamente

En realidad esta receta la comparten San Luis Potosí y Querétaro, donde se hace de manera similar. En particular es acompañante de los platillos pames; el resultado de esta salsa, que aparenta ser muy sencilla, es un sabor irresistible para los amantes de la cocina de los estados del centro del país.

Procedimiento

- Licue los chiles, los jitomates, los tomates, el cilantro y la sal hasta obtener una salsa martajada o con textura fina, según su gusto. Pruebe y ajuste de sal.
- Sirva en una salsera a temperatura ambiente.

Salsa mulata

Ingredientes

3 chiles pasilla sin rabos, semillas ni venas

1 chile mulato sin rabo, semillas ni venas, asado

2 tazas de agua hirviendo

1 cuarterón de cebolla chica

1 diente de ajo grande pelado

¾ de cucharadita de sal aproximadamente

2 cucharadas de aceite vegetal

Esta versión de Coahuila hace referencia al color de la salsa café muy oscura o negra, de ahí el nombre de mulata. Además de utilizar una variedad de chile llamada mulato, en otras regiones del país se hacen salsas análogas bajo el nombre de salsas negras.

Procedimiento

- Rompa los chiles con la mano y remójelos en el agua hirviendo por 25 minutos o hasta que los chilles estén totalmente suaves.
- Licue los chilles pasilla, el chile mulato, el agua de remojo de los chiles, la cebolla, el ajo y la sal hasta obtener una salsa tersa que no sea necesario colar.
- Caliente el aceite y fría la salsa. Al hervir baje el fuego y deje cocinar por 10 minutos. Retire del fuego, pruebe y ajuste de sal.
- Sirva a temperatura ambiente en una salsera.

Salsa negra

Ingredientes

6 chiles pasilla asados sin rabos, semillas ni venas

1 chile mulato asado sin semillas

3 tazas de caldo caliente

½ cebolla

1 diente de ajo grande

1 cucharadita de sal aproximadamente

2 cucharadas de aceite de oliva

Aunque ya teníamos registrada la salsa mulata o negra, no me pude negar a escribir esta versión porque con esta receta me topé por lo menos en cuatro estados del país: Zacatecas, Querétaro, Coahuila y Chihuahua, además de la Ciudad de México.

Procedimiento

- Rompa los chiles y remoje en el caldo por 20 minutos para que se suavicen.
- Licue los chiles con el caldo, la cebolla, el ajo y la sal hasta obtener una salsa tersa que no sea necesario colar.
- Caliente el aceite, añada la salsa y deje hervir. Baje a fuego lento y cueza por 15 minutos. Retire del fuego, pruebe y ajuste de sal. Sirva en una salsera a temperatura ambiente.

Salsa roja de chile guajillo

Ingredientes

250 g de jitomate maduro asado

10 chiles guajillo sin rabos, semillas ni venas, asados

3 tazas de agua caliente

1 cuarterón de cebolla

1 diente de ajo grande pelado

¼ de cucharadita de comino

1 cucharadita de sal aproximadamente

2 cucharadas de aceite de maíz

Ésta es una salsa tradicional del estado de Morelos.

Procedimiento

- Cueza los jitomates y los chiles en el agua, tapados, por 20 minutos. Retire del fuego y deje enfriar.
- Licue el jitomate, los chiles, 2 ½ tazas del agua donde se cocieron los chiles, la cebolla, el ajo, el comino y la sal hasta obtener una salsa muy tersa que no sea necesario colar.
- En una olla pequeña caliente el aceite y fría el licuado de los chiles. Cuando hierva, baje el fuego y cueza por 10 minutos. Retire del fuego, pruebe y ajuste de sal.
- Sirva en una salsera.

Salsa de chicharrón y chile catarino

Ingredientes

15 chiles catarino sin rabos, semillas
    ni venas, asados

2 jitomates maduros

1 cuarterón de cebolla

4 dientes de ajo grandes, pelados

½ taza de agua

6 pimientas negras

2 hojas de laurel

100 g de chicharrón

3 tazas de agua

½ cucharadita de sal aproximadamente

El chicharrón que se ha de utilizar no debe tener carne ni grasa; deberá usar el llamado chicharrón "de papel", que se distingue por ser muy ligero y delgado.

Procedimiento

• Cueza los chiles y los jitomates en suficiente agua por 10 minutos hasta que estén cocidos y suaves. Retire del fuego y deje enfriar.

• Licue los chiles, los jitomates, la cebolla, el ajo, el agua, las pimientas y el laurel hasta obtener una salsa tersa.

• Rompa el chicharrón y lícuelo con 1 taza de agua.

• Ponga a cocer la salsa a fuego alto. Cuando hierva, añada el chicharrón y deje que recupere el hervor, baje a fuego lento y cueza por 15 minutos. Agregue la sal.

Salsa de chile cascabel
con tomate verde

Ingredientes

12 chiles cascabel

250 g de tomate verde sin cáscara, asado

3 dientes de ajo chicos, pelados
      y troceados

1 cucharadita de sal aproximadamente

¾ de taza de agua

Uno de los grandes misterios que tienen las taquerías, fondas, restaurantes y lugares de antojitos, son las salsas; uno nunca sabe en realidad qué chiles se utilizan, porque las combinaciones pueden ser infinitas. Salsas como éstas a veces aparecen en diversos lugares y nunca nadie repara de qué están hechas. Cuando se les pregunta a las personas ¿de qué es la salsa?, solamente contestan el nombre del chile principal, y nunca se aclara qué otros ingredientes contiene.

Esta versión es muy similar a la salsa de chile cascabel con jitomate; es muy sorprendente, qué diferente puede saber una salsa por el simple hecho de cambiar un ingrediente.

Los tomates verdes requieren un poco más de sal porque son más ácidos que los jitomates.

Cabe mencionar que en la Huasteca potosina, tamaulipeca y veracruzana, al chile guajillo se le conoce como chile cascabel; por lo que no habrá que confundirlos. Los chiles cascabel son de forma esférica y miden unos 2 centímetros de diámetro en su parte más ancha.

Esta salsa se conserva hasta por 5 días en refrigeración.

Procedimiento

- Abra los chiles por la mitad, retire y deseche los rabos, semillas y venas, no importando que los chiles se rompan y se hagan hojuelas.

- En un comal o sartén a fuego bajo tueste poco a poco los chiles únicamente del lado brillante, cuidando de no quemarlos. Retírelos del fuego y deje enfriar.

- Trocee los tomates y lícuelos con los chiles, los ajos, la sal y el agua hasta lograr una salsa martajada o muy tersa, según su preferencia. Pruebe y ajuste de sal al gusto.

- Sirva a temperatura ambiente en una salsera.

Salsa de chile costeño

Verdaderamente ésta es una salsa deliciosa que le va a cualquier carne o pechuga de pollo asada, y qué decir de cualquier tipo de taco.

Ingredientes

1 taza de agua

250 g de miltomates o tomates verdes asados

3 chiles costeño rojos grandes, asados, sin rabos, semillas ni venas

1 diente grande de ajo crudo y pelado

¼ de taza de cebolla picada finamente

¼ de taza de cilantro fresco picado finamente

1 cucharadita de sal o al gusto

Procedimiento

- Caliente en una olla pequeña a fuego alto 1 taza de agua hasta que hierva; añada los miltomates y los chiles asados, tape y cueza unos 10 minutos; retire del fuego y deje enfriar.

- Licue los miltomates con los chiles, el ajo y ⅓ de taza del agua donde se cocieron los chiles, hasta obtener una consistencia tersa que no sea necesario colar. Vierta la salsa en un recipiente, añada la cebolla, el cilantro y la sal. Mezcle, pruebe y ajuste la sal al gusto.

- Sirva a temperatura ambiente en una salsera.

Salsa de chile de árbol

Ingredientes

10 chiles de árbol secos, asados sin rabos

2 chiles guajillo grandes, asados sin rabos, semillas ni venas

3 dientes de ajo grandes, pelados

1 cucharadita de sal aproximadamente

300 g de tomate verde sin cáscara bien asado

⅓ de taza de agua

Esta salsa es una de las grandes favoritas en el centro del país. Su color rojo intenso la hace muy llamativa, además de ser muy sabrosa; es una salsa requerida para acompañar los tacos al pastor. Ésta es la que siempre está junto al taquero que rebana la carne para hacer los tacos; es una receta secreta, la cual procuran no compartir, porque todos los aficionados a los tacos sabemos que el éxito de un taco está en la salsa. La salsa de chile de árbol es tan gustada que muchas compañías la producen comercialmente bajo el nombre de "salsa taquera".

Ésta es una salsa que debe ser picosa; sin embargo, puede disminuir el picor bajando la cantidad de chile de árbol. No disminuya los chiles guajillo, éstos no pican y son muy importantes para darle el color.

Para otra salsa parecida, véase "Salsa taquera con chile mora", página 72.

Se conserva hasta 5 días en el refrigerador.

Procedimientos

• Remoje los chiles en agua por 20 minutos para que se hidraten y sean más fáciles de moler.

Versión en licuadora

• Licue todos los ingredientes por 2 minutos o hasta obtener una salsa tersa. Pruebe y ajuste de sal.

• Sirva en una salsera a temperatura ambiente.

Versión en molcajete

• En un molcajete coloque los ajos y la sal. Con el tejolote machaque y muela hasta obtener un puré; posteriormente, añada los chiles, muela muy bien otra vez; finalice agregando los tomates y moliendo de nuevo hasta obtener la textura deseada. Agregue agua en caso de que sea muy espesa. Pruebe y ajuste de sal.

• Sirva a temperatura ambiente en el mismo molcajete en el que hizo la salsa.

Salsa de chile de árbol seco estilo Morelos

Ingredientes

⅔ de taza de aceite vegetal

1 taza de chile de árbol seco (50 chiles aproximadamente)

3 dientes de ajo grandes pelados

¼ de taza de cebolla picada

1 cucharadita de sal aproximadamente

Ésta es una receta tradicional del estado de Morelos; aunque es picosísima, no se puede negar que es muy, muy sabrosa. La fritura del chile hace que la salsa adquiera un sabor anuezado muy sofisticado.

Veinte gramos de chile de árbol seco son como 50 chiles o como una taza.

Esta salsa se conserva varias semanas en refrigeración.

Procedimiento

• Caliente el aceite y fría los chiles; retire del fuego y deje enfriar.

• Licue todos los ingredientes hasta obtener una salsa muy espesa o casi pastosa. Pruebe y ajuste de sal.

• Sirva en una salsera a temperatura ambiente.

Salsa de chile guajillo

Ingredientes

6 chiles guajillo, sin rabos, semillas ni venas, asados

2 jitomates guaje asados

1 taza de cebolla picada

1 diente de ajo pelado

1 cucharadita de sal aproximadamente

1 taza de agua

En esta salsa se puede encontrar el delicioso sabor del chile sin que sea una salsa picante o irritante y, aunque los ingredientes son muy sencillos, no deja de ser sumamente interesante.

Procedimiento

• Licue todos los ingredientes por intervalos, poco a poco, procurando que quede una salsa martajada.

• Sirva a temperatura ambiente.

Salsa de chile puya de Michoacán

Ingredientes

2 chiles guajillo asados, sin rabos, semillas ni venas

4 chiles puya asados, sin rabos, semillas ni venas

1 ¼ cucharaditas de sal aproximadamente

2 dientes de ajo pelados

250 g de tomate verde sin cáscara

150 g de jitomate

El estado de Michoacán siempre me ha fascinado por su raza indígena, su gran producción de cestería, textiles y toda su gran artesanía. Hace muchos años aprendí esta receta en San Francisco Uricho, pequeño poblado a las orillas del lago de Pátzcuaro, donde actualmente existe un grupo de unas 25 mujeres de raza pura purépecha dedicadas a preservar la cultura, lengua y tradiciones del pueblo.

Las hermanas Francisca y Esther de la Luz, quienes son parte del grupo mencionado, me enseñaron lo fascinante que puede ser una salsa en la que se utilizan dos tipos de chiles y tomate con jitomate.

Cabe mencionar que ésta es una salsa muy rústica y que quedan grandes trozos de tomate y jitomate martajados.

Procedimiento

• Rompa los chiles con las manos y remójelos en suficiente agua caliente por 25 minutos o hasta que se suavicen.

• En un molcajete coloque un poco de sal, los dientes de ajo y muela hasta obtener un puré. Añada los chiles y muela lo mejor posible hasta lograr que queden bien martajados.

• Agregue los tomates, los jitomates y continúe machacando hasta lograr martajar todo. Pruebe y ajuste de sal.

• Sirva en el mismo molcajete en que preparó la salsa.

Salsa de guajes coleta

Los coletos de San Cristóbal de las Casas hacen esta salsa, cuyo nombre original es "salsa de guash".

La utilización de esta semilla es mucho más común de lo que se pudiera imaginar; de hecho, hay recetas registradas en prácticamente todos los recetarios de los estados del centro del país, e incluso en el norte y sureste.

Ésta es la versión que le corresponde a Chiapas, en la que se utilizan las semillas crudas y la salsa resulta muy espesa, casi pastosa.

Ingredientes

2 chiles morita sin rabos, semillas ni venas, asados

2 chiles guajillo sin rabos, semillas ni venas, asados

¾ de taza de semillas frescas de guaje

½ taza de cebolla picada finamente

1 cucharadita de sal aproximadamente

1 taza de agua caliente

Procedimiento

• Rompa los chiles y remójelos en agua hasta que estén suaves. Licue los chiles hasta que estén martajados. Detenga la licuadora, añada las semillas de guaje y vuelva a moler. Vierta la salsa en una salsera, agregue la cebolla y la sal, mezcle, pruebe y ajuste de sal.

Salsa roja coleta

Los coletos de San Cristóbal de las Casas, Chiapas, cuentan en su repertorio gastronómico con un sinnúmero de salsas picantes con las que acompañan su cocina regional. Casi siempre participan chiles regionales como el Simojovel. En este caso se utilizan chiles ancho, los cuales son muy comunes en todo el país. La cantidad de vinagre a utilizar varía según el gusto particular; yo encontré que la salsa empieza a saber muy bien a partir de las dos cucharadas, pero no utilicé más de ⅓ de taza.

Ingredientes

3 chiles ancho sin rabo, semillas ni venas, asados

2 tazas de agua caliente

3 jitomates guaje asados y pelados

1 cebolla chica

⅓ de taza de vinagre blanco

1 ½ cucharaditas de sal aproximadamente

Procedimiento

• Remoje los chiles en el agua hasta que estén muy suaves. Licue los chiles, ¾ de taza del agua de remojo de los chiles, los jitomates, la cebolla, el vinagre y la sal hasta obtener una salsa tersa. Ajuste de sal y sirva.

Salsa de tomatito silvestre

Ingredientes

¼ de taza de manteca de cerdo

250 g de tomatito silvestre

¼ de taza de cebolla picada

1 cucharadita de chiles Simojovel (o chile piquín seco)

1 cucharadita de sal aproximadamente

La magia de esta salsa, que pertenece a los coletos de San Cristóbal de las Casas, Chiapas, consiste en utilizar un tomatito silvestre que casi nunca llega a los mercados organizados. Como su nombre lo indica, son totalmente silvestres. Se empieza a consumir desde que está color naranja hasta muy rojo. Cuando está muy maduro, no contiene casi pulpa pero sí muchas semillas y cáscara; su sabor es declaradamente ácido. En otros lugares se conoce como jaltomate. Se compra por montoncitos o por medidas, casi nunca por kilo. Vale la pena aclarar que para este grupo, las salsas con manteca de cerdo son muy apreciadas, pues la ingesta de grasas en su dieta diaria es muy baja, debido a que su cocina tiende a ser vegetariana.

El chile Simojovel se puede sustituir por chile piquín seco.

Procedimiento

• Caliente la manteca y fría los tomatitos por 5 minutos. Añada la cebolla, los chiles, la sal, y cueza por 10 minutos más. En caso de que no reventaran todos los tomates, aplástelos para que la salsa quede martajada.

• Retire del fuego, pruebe y ajuste de sal.

• Sirva en una salsera a temperatura ambiente.

Salsa del agricultor

Ingredientes

25 g de chile piquín

6 chiles cascabel sin rabos, semillas ni venas

2 chiles chipotle sin rabos, semillas ni venas

2 chiles ancho sin rabos, semillas ni venas

4 tazas de agua

½ cucharadita de pimienta negra

½ cucharadita de comino

1 cucharada de pimentón molido o páprika

1 cucharada de orégano

4 dientes de ajo grandes pelados

¼ de taza de cebolla picada

1 taza de vinagre blanco

1 ¼ cucharaditas de sal aproximadamente

Una de las características de las salsas en los estados del norte del país es que con frecuencia se mezclan. Se utilizan varios tipos de chiles, a veces en crudo, y se emplea vinagre.

La salsa del agricultor fue una receta premiada en el apartado B del concurso "Comidas y festejos tradicionales mexicanos", del estado de Nuevo León; colosal recopilación que hizo Banrural de todos los estados del país. Aunque el nombre pudiera indicar que la salsa es de origen ranchero o de campo, por sus ingredientes es claro que es una receta de ciudad. Hay dos opciones: cocer únicamente los chiles o freírla para que se cueza. Cuando es cruda su sabor recuerda a un adobo, pero al freírla el sabor se modifica y es necesario ajustarlo con un poco de azúcar y más sal.

Procedimiento
Salsa cruda

• Cueza todos los chiles en el agua por 15 minutos hasta que estén suaves. Retire del fuego y deje enfriar.

• Licue todos los chiles con el agua, la pimienta, el comino, el pimentón, el orégano, el ajo, la cebolla, el vinagre y la sal hasta obtener una salsa muy tersa que no sea necesario colar. Pruebe y ajuste de sal.

Salsa frita

• Caliente ¼ de taza de aceite vegetal y fría la salsa anterior. Cuando hierva añada 1 taza de agua, 2 cucharadas de azúcar y sal al gusto. Cueza por 25 minutos moviendo de vez en cuando.

Salsa de semilla de chile pasilla

Ingredientes

3 cucharadas de semillas de chile pasilla tostadas

6 cucharadas de aceite vegetal

1 cucharada de vinagre blanco

¾ de cucharadita de sal aproximadamente

1 cucharadita de pimienta negra

1 taza de cebolla picada finamente

¼ de taza de perejil picado

La utilización de las semillas de los chiles en la cocina mexicana no es rara, de hecho muchos moles oaxaqueños las contienen; en el centro del país algunos pipianes son de semillas de chiles.

Procedimiento

• En un molino para café o molcajete muela las semillas hasta pulverizarlas.

• Caliente el aceite en un sartén, añada el polvo de semillas y mueva constantemente. Agregue el vinagre, la sal, la pimienta, la cebolla y el perejil. Deje freír hasta que la cebolla se cueza ligeramente. Retire del fuego, pruebe y ajuste de sal. Sirva en una salsera a temperatura ambiente.

Salsa de toro

Ingredientes

6 chiles cascabel sin rabos, semillas ni venas

5 chiles serranos secos

3 dientes de ajo grandes pelados

¼ de cucharadita de semillas de cilantro

¼ de cucharadita de comino

¼ de cucharadita de orégano seco

sal al gusto, como 1 ½ cucharaditas

1 taza de vinagre blanco

1 ramita de tomillo seco

1 hoja de laurel

En este caso "toro" es un sinónimo de salsa brava o picosa; la receta original se acostumbra en Chihuahua, en donde generalmente se mezclan varios chiles para hacerla.

Procedimiento

• Muela los chiles, los ajos, las semillas de cilantro, el comino, el orégano y la sal.

• Cueza a fuego lento el vinagre con el tomillo y el laurel; cuando hierva, retire del fuego y mezcle con los chiles molidos. Pruebe, ajuste de sal y deje enfriar. Reposar por 1 día.

• Retire el laurel cuando vaya a servir la salsa.

Salsa de charales con chile pasilla

Ingredientes

5 chiles pasilla asados sin rabos, semillas ni venas

1 taza de agua caliente

¼ de taza de cebolla picada finamente

1 diente de ajo grande, crudo y pelado

1 cucharadita de sal aproximadamente

¾ de taza de charales chicos ligeramente asados

Para muchos habitantes de las comunidades rurales del Estado de México, esta salsa, además de ser una salsa picante, es también un alimento completo, pues los charales aportan proteínas; por esto en muchas ocasiones esta salsa, untada generosamente en tortillas de maíz, puede ser un alimento completo, especialmente en los días que no son festivos o durante la cuaresma. En los días de fiesta se convierte en la salsa picante para acompañar otros platillos como los tacos de carne asada o la barbacoa.

El sabor pronunciado a pescado la hace una salsa muy peculiar.

Debe tener cuidado con la sal porque los charales suelen venir salados.

Procedimiento

• Rompa los chiles lo más pequeño posible y remójelos por 10 minutos en el agua caliente para suavizarlos. Resérvelos.

Versión en molcajete

• En un molcajete muela la cebolla, el ajo y la sal hasta obtener una pasta. Incorpore los chiles con el agua de remojo y siga moliendo hasta obtener una textura martajada o de preferencia fina.

• Añada los charales y martájelos ligeramente para que toda la salsa se incorpore. Es normal que queden charales enteros o en pedazos muy grandes.

• Deje reposar durante ½ hora, vuelva a mezclar, pruebe y ajuste de sal.

• En caso de que la salsa estuviera muy espesa o seca, añada de 2 cucharadas a ¼ de taza de agua. Sirva en el mismo molcajete a temperatura ambiente.

Versión en licuadora

• Licue todos los ingredientes, excepto los charales, hasta obtener una salsa martajada o tersa según su elección. Añada los charales y licue unos segundos; cuide que los charales no se rompan, de preferencia deben quedar trozos enteros. Deje reposar por 30 minutos, mezcle y ajuste de sal.

• Sirva en una salsera a temperatura ambiente.

Salsa macha con cacahuate

Ingredientes

1 ¼ tazas de aceite vegetal

1 taza de cacahuates tostados y pelados

½ taza de chile serrano seco o morita sin rabos

2 cucharaditas de sal aproximadamente

Esta variante es igualmente tradicional a la salsa macha de Orizaba; de hecho, hoy en día es más común, pues a todos les encanta el sabor que aporta el cacahuate. He visto cómo la gente de esta región unta las tortillas de maíz con esta salsa, pues enriquece el sabor de la tortilla. También se emplea de la misma forma que la salsa macha de Orizaba.

Tradicionalmente, en México los cacahuates se tuestan con todo y cáscara leñosa hasta que se ponen prácticamente negros, se dejan enfriar, se liberan de la cáscara y luego
se retira la piel color rojo vino. Evidentemente en los mercados de las grandes ciudades y otros países los cacahuates ya se venden tostados y totalmente pelados, es decir, sin cáscara y sin piel.

Dependiendo de las costumbres familiares, los chiles y los cacahuates pueden quedar martajados, molidos o muy molidos. También hay quienes gustan de aumentar la cantidad de cacahuates para hacer la salsa más pastosa, con sabor anuezado y menos picante.

Pasado un tiempo la salsa se separa y es normal que la gente utilice sólo el aceite o en caso contrario hay que mezclar para que la sal y los cacahuates se revuelvan un poco.

Esta salsa se conserva por varias semanas, especialmente en un frasco con tapa.

Procedimiento

- Caliente el aceite en un sartén chico a fuego lento, fría los cacahuates hasta que queden ligeramente dorados. Cuide de no quemarlos; retírelos y reserve.

- En el mismo aceite fría los chiles hasta que se doren ligeramente; drénelos de inmediato y deje enfriar los chiles y el aceite por separado.

- Licue el aceite, los cacahuates, los chiles y la sal hasta que los ingredientes queden martajados o molidos, según la textura que desee.

- Vacíe la salsa en un frasco con tapa; conserve en un lugar fresco y seco.

- Sirva en una salsera a temperatura ambiente. Antes de servir, mezcle bien.

Salsa macha de Orizaba, Veracruz

Ingredientes

½ taza de aceite

½ taza de chile serrano seco o morita sin rabos

½ cucharadita de sal aproximadamente

Esta salsa es picosísima, los que la comen deben ser valientes o machos(as) para enfrentar el picor de los chiles, de ahí su nombre; sin embargo, en pequeñas cantidades resulta muy agradable. De ella existen muchas variaciones.

Este tipo de salsa se acostumbra en el área de Orizaba, Veracruz; es diferente a muchas otras, pues los chiles se fríen en abundante aceite y se muelen procurando que queden martajados en forma de pequeñas hojuelas, de tal manera que lo que se ocupa es el aceite saborizado, el cual se rocía sobre cualquier antojito, tortilla de maíz, platillo o guiso.

Hay quienes la hacen únicamente de chile serrano seco, que es el más común, pero también se hace con chile morita e incluso algunas cocineras combinan ambos chiles en iguales cantidades. Las semillas no se retiran, pueden quedar enteras y nadar en el aceite; por ser muy picosa sólo se usan gotitas sobre los alimentos.

Generalmente esta salsa se hace en molcajete, pero se puede licuar. Esta salsa dura varios meses.

Procedimiento

- Caliente el aceite en un sartén a fuego bajo. Fría los chiles unos segundos hasta que estén ligeramente dorados, pero no muy fritos ni quemados. Retírelos del fuego, inmediatamente drene el aceite y deje enfriar los chiles y el aceite por separado.

Versión en licuadora

- Licue todos los ingredientes hasta que los chiles queden martajados o molidos, según su gusto. Transfiera la salsa a un frasco con tapa y guarde en un lugar fresco y seco hasta usarla. Siempre hay que mezclar la salsa antes de usarla.

Versión en molcajete

- En un molcajete muela los chiles con la sal para que queden martajados o bien molidos; si lo requiere utilice un poco de aceite para obtener una pasta. Transfiera el molido a un frasco, añada el resto del aceite, tape, agite y conserve en un lugar fresco y seco hasta su uso.

Salsa para pozole

Ingredientes

2 cucharadas de aceite vegetal

3 chiles de árbol secos con rabos, semillas y venas

10 chiles catarino

1 cuarterón de cebolla

1 diente de ajo grande pelado

1 taza de granos de maíz cocido para pozole

1 taza de caldo de pozole, res o cerdo

1 cucharadita de sal aproximadamente

Ésta es una de las recetas más interesantes con las que me he encontrado, pues no existen casi recetas tradicionales de salsas ni guisos de chile catarino. Es todo un misterio saber en qué se consume este chile, que siempre aparece de manera abundante en los mercados populares del centro del país. Tampoco existen muchas recetas de salsas de chile en las que se emplee el maíz como espesante; de hecho, en toda esta recopilación ésta es la única con maíz cocido.

Esta receta, aportada por Eduardo Vibian Camacho, proviene de una de las familias más antiguas de Morelia, particularmente se hace con algunos de los ingredientes del pozole; mientras éste se cuece se seleccionan maíz y caldo para hacer la salsa, que acompañará al guiso en la mesa. Cada comensal añade la cantidad que desee porque es muy picosa; sirve también para darle más consistencia, sabor o color al pozole. El pozole tradicional michoacano se hace con maíz rojo, pero puede sustituirse por maíz cacahuacintle; en cualquiera de los dos casos el maíz debe estar totalmente cocido y "reventado".

No necesita hacer pozole para realizar esta salsa: en los supermercados ya venden el maíz precocido, sólo tendrá que enjuagarlo y cocerlo en un poco de agua hasta que reviente o floree; el caldo de cerdo puede sustituirse por res, pollo o agua.

Procedimiento

• Caliente el aceite, fría los chiles, la cebolla y el ajo hasta que queden ligeramente dorados; retire del fuego. Cuele, deseche el aceite y conserve los demás ingredientes.

• Licue los chiles, la cebolla, el ajo, el maíz, el caldo y la sal hasta obtener una salsa muy tersa que no sea necesario colar. Pruebe y ajuste de sal.

• Sirva a temperatura ambiente.

Salsa de chile cascabel con jitomate

Ingredientes

25 chiles cascabel

2 jitomates guaje grande asado

3 dientes de ajo medianos, pelados
   y troceados

1 cucharadita de sal aproximadamente

¾ de taza de agua

3 cucharadas de aceite (opcional)

El consumo del chile cascabel es todo un misterio para mí, pues siempre se encuentra en abundantes cantidades en los mercados populares del centro del país, por lo general está junto con los chiles ancho, mulato y chipotle; todos son muy empleados en diversos guisos y salsas. Sin embargo, hay muy pocas recetas con chile cascabel, excepto la salsa de chile cascabel, que sí es muy popular en los estados del centro del país.

Esta salsa se conserva hasta por 5 días en refrigeración.

Procedimiento

• Abra los chiles por la mitad, retire y deseche los rabos, semillas y venas, no importando que los chiles se rompan y se hagan hojuelas.

• Tueste en un sartén o comal a fuego bajo los chiles, únicamente del lado brillante, cuidando de no quemarlos. Retírelos del fuego y deje enfriar.

• En una olla pequeña coloque los jitomates asados, cúbralos con agua y cueza por 15 minutos. Deje enfriar, retírelos del agua y reserve los jitomates.

• Licue los chiles, los jitomates, los ajos, la sal y el agua hasta lograr una salsa martajada o muy tersa, según su gusto. Pruebe y ajuste de sal.

• En este punto la salsa está terminada, pero se puede hacer la variante siguiente: caliente el aceite, fría y cueza la salsa por 10 minutos moviendo eventualmente. Si lo desea puede añadir hasta ¼ de taza de agua.

• Sirva a temperatura ambiente en una salsera.

Salsa brava tarahumara

Ingredientes

4 chiles guajillo grande sin rabos

10 chiles de árbol secos, sin rabos

10 chiles cascabel sin rabos

1 taza de agua

1 raja de canela de 3 cm de largo
aproximadamente

3 pimientas gordas

1 clavo

1 cuarterón de cebolla

2 dientes de ajo grandes pelados

¼ de cucharadita de comino

½ cucharadita de orégano

½ taza de vinagre

1 ½ cucharaditas de sal aproximadamente

La salsa brava tarahumara apareció publicada en la portentosa colección de La cocina familiar en los estados de la República, patrocinada por Banrural. Ésta corresponde al estado de Chihuahua, a su vez aportada por el DIF (Desarrollo Integral de la Familia) del mismo estado.

A esta receta tuvieron que hacérsele muchísimas pruebas, pues las cantidades originales que ellos sugerían servían para alimentar un pueblo entero, y al reducirla, el sabor no era del todo correcto.

Llamó mi atención el hecho de que en esta receta todos los ingredientes están crudos y, sin embargo, la combinación del resultado final es magistral.

Es justo señalar que fue nombrada así en honor a los indígenas que habitan en Chihuahua, pero la receta no es indígena; de hecho, existe una amplia investigación antropológica y gastronómica de este grupo y no se tiene ningún registro de ninguna otra salsa que pudiera ser similar o con la que se pueda comparar.

Procedimiento

- Licue todos los ingredientes hasta obtener una salsa tersa que no sea necesario colar. Pruebe y ajuste de sal.

- Sirva en una salsera a temperatura ambiente.

Salsa de cacahuate

Ingredientes

3 cucharadas de aceite vegetal

¼ de taza de cacahuates pelados y tostados

1 jitomate mediano maduro, asado

2 chiles chipotle rojos grandes, asados, sin rabos ni semillas

2 dientes de ajo grandes, asados con su piel y luego pelados

¾ de cucharadita de sal aproximadamente

1 taza de agua

¡Cuidado!, esta salsa puede ser adictiva. Entre las señoras de Xalapa, Veracruz, recetas de salsas como ésta se intercambian casi a diario; y aunque es muy antigua ya no se acostumbra tanto, excepto entre los viejos moradores de la ciudad.

Los cacahuates y los chiles deben estar bien tostados, pero cuidando no quemarlos, por lo que es mejor tostarlos por separado en un comal a fuego bajo y dejarlos enfriar totalmente. Esta salsa se puede hacer hasta con 5 días de anticipación, pero es mejor hacerla en el mismo día.

Para otra salsa con cacahuate véase la "Salsa macha con cacahuate" (p. 87).

Procedimiento

• Caliente el aceite en un sartén pequeño y fría los cacahuates hasta que estén un poco dorados, cuidando no quemarlos. Retire del fuego, inmediatamente drene los cacahuates para que no se sigan friendo y deje enfriar el aceite y los cacahuates por separado.

• Licue el jitomate, los chiles, los ajos, la sal y el agua hasta obtener una salsa tersa. Añada los cacahuates y vuelva a licuar un poco para que la salsa quede molida, pero algo granulosa.

• En una olla pequeña a fuego medio caliente el aceite en donde se frieron los cacahuates y vierta la salsa para que se fría; mueva y mezcle. Tan pronto hierva, baje a fuego lento y cuézala por 15 minutos moviendo de vez en cuando para que no se pegue. Retire del fuego. Pruebe, ajuste de sal, y sólo en caso de que la salsa estuviera muy espesa añada agua.

• Sirva a temperatura ambiente en una salsera.

Salsa pilico

Ingredientes

1 cucharadita de fécula de maíz

1 taza de pepita verde molida, con o sin cáscara, bien apretada

½ cucharadita de sal aproximadamente

2 tazas de agua

1 cucharadita de chile Simojovel asado y molido

Este simpático nombre le corresponde a una salsa de pepita de calabaza chiapaneca que se prepara con chile Simojovel, el cual puede ser sustituido por chile seco.

"Simojovel" es el nombre del poblado y del lugar donde se produce ese chile que es muy popular en el área de San Cristóbal de las Casas.

Aunque se podría esperar que la pepita fuera tostada, ésta es cruda.

Procedimiento

• Diluya la fécula de maíz en una olla, añada la pepita, la sal y mezcle.

• Ponga a hervir la mezcla a fuego alto moviendo constantemente. Continúe la cocción hasta que el preparado espese; retire del fuego.

• Agregue el chile, mezcle, pruebe y ajuste de sal.

• Sirva la salsa caliente o tibia.

Índice